VERS LE HAUT

DU MÊME AUTEUR

Romans et nouvelles

Le sourire, Éditions du Cerf, Paris, 2009 (Grand Prix catholique de littérature et Prix des Journées du livre chrétien).

Mon roman juif, Éditions du Cerf, Paris, 2011.

Dernières nouvelles du Christ, Éditions du Cerf, Paris, 2013.

Le peintre aux outrages, Éditions du Cerf, Paris, 2018.

Essais

Bernanos, une parole libre, Desclée de Brouwer, Paris, 1998.

Dieu a-t-il besoin de l'écrivain ? Péguy, Bernanos, Mauriac, Éditions du Cerf, Paris, 2006.

Le rendez-vous de Moissac, Actes Sud, Arles, 2011.

Participation à des ouvrages collectifs

Comprendre Péguy, en collaboration avec Marie Boeswillwald, Éditions Max Milo, Paris, 2013.

Culture et évangélisation. Conférences de carême 2016 à Notre-Dame de Paris, Parole et Silence, Les Plans-sur-Bex (Suisse), 2016.

Dictionnaire Charles Péguy, sous la direction de Salomon Malka, Albin Michel, Paris, 2018.

Éditions

Charles Péguy, *Le mystère des Saints Innocents*, introduction de Claire Daudin, Salvator, Paris, 2014.

Charles Péguy, *Œuvres poétiques et dramatiques*, sous la direction de Claire Daudin, Gallimard, coll. « Bibliothèque de la Pléiade », Paris, 2014.

Claire Daudin

Vers le haut

Cinq histoires ascensionnelles

SALVATOR

Yves Briend Éditeur S.A.
103, rue Notre-Dame-des-Champs F-75006 Paris
contact@editions-salvator.com
www.editions-salvator.com

Maquette de couverture : Sylvain Collet

ISBN : 978-2-7067-2101-4

Le saint du phare

SAINT Jonas du Phare naquit dans une ville portuaire à l'extrémité du continent, dans cette région que l'on nomme « Finistère » et qui appartenait alors à la République française. Il vit le jour dans les décennies qui précédèrent la Grande Extinction. La Terre devait encore accomplir quarante fois sa rotation autour du Soleil, parée de sa guirlande de satellites, revêtue de sa robe de lumières, avant que tout ne s'éteigne.

Signe de contradiction dès sa naissance, le garçon fut cause de la mésentente de ses parents, incapables de se mettre d'accord sur le choix d'un prénom. Sa mère, native de l'île Haute, ramenée sur la côte par un mari pharmacien, avait gardé la nostalgie de l'océan sauvage, du choc de la houle sur les rochers et des gerbes d'écume s'élevant jusqu'au ciel. Pour le fils qu'elle avait mis au monde, elle rêvait d'un destin d'aventurier, de coureur des mers, de *skipper* héroïque, ces héritiers des hardis navigateurs d'autrefois, moines ou corsaires, lancés à l'assaut des biens de ce monde et de l'autre. L'enfant était né coiffé, la tête couverte par le placenta qui l'avait nourri tout le temps de sa gestation, et par une toison brune déjà fournie – qui avait surpris son père à la calvitie naissante. « Samson » fut le prénom choisi par la fille de l'océan. Elle désirait placer son fils sous le double patronage du héros biblique dont la chevelure était gage de force, et du moine gallois venu évangéliser l'Armorique dans son auge de pierre. Mais le père ne voulut pas de ce prénom flamboyant ; et ce fut « Jean », comme l'exigeait sa lignée.

L'enfant grandit auprès d'une mère rêveuse et triste, au regard chargé comme un ciel d'orage. Parfois, la déflagration avait lieu, et la maison retentissait de cris et de pleurs qui effrayaient le garçon. Un jour, des hommes en blanc vinrent s'emparer de sa mère, la firent monter dans une ambulance, et le silence revint dans la maison. Le silence se fit dans la maison. La maison se fit silence.

Jean, comme son père l'avait nommé en passant outre le désir de sa femme, ne suivit pas le chemin de l'officine. Il apprit la navigation. Il avait une sainte horreur des médicaments, des caisses au logo des laboratoires qui encombraient le garage et l'empêchaient de ranger sa mobylette, des échantillons qu'il avait dû tester, avant et après les repas, pendant toute son enfance, et surtout des boîtes amoncelées sur la table de chevet de sa mère. Mais c'était un garçon calme et sérieux, qui gardait ses blessures pour lui. À l'École de la Marine il fut bien noté, comme il l'avait été au lycée et devait l'être dans les compagnies maritimes qui l'emploieraient. Il ne cherchait pas l'aventure. L'océan ne le faisait pas rêver. Le spectacle de sa puissance n'enfiévrait pas son imagination, car il savait où menait cette fièvre : à l'asile, où sa mère végétait. Il en voulait à la mer plus encore qu'à son père d'avoir soulevé des tempêtes dans son âme, d'avoir suscité dans son corps des désirs impossibles à combler. Lui, il soumettrait l'océan, materait sa puissance dévastatrice à bord de bateaux conçus dans un but bien précis : ramener du poisson.

Ce défi contre la folie de sa mère, il le releva en menant une carrière de capitaine de pêche qui donnait toute satisfaction à ses employeurs. Jour après jour, semaine après semaine, saison après saison, il appareillait avec ses hommes pour les eaux froides de l'Atlantique nord, entre l'Irlande et l'Écosse, confiant dans la solidité de son navire et l'endurance de son équipage. Dans son endurance, mais aussi dans l'appât du gain, ou simplement le besoin d'argent, qui les liaient les uns aux autres par un accord tacite plus puissant que le contrat signé avec l'armateur. Chacun à bord – capitaine, bosco, maître coq, marin-pêcheur – était payé au prorata du poisson ramené à terre. Les risques encourus, les intempéries, la promiscuité du bord et l'éloignement des familles comptaient pour rien si le poisson ne donnait pas, si la mer ne se laissait pas arracher ses trésors, si la flotte concurrente arrivait sur le banc la première… C'était ainsi, c'était la loi de la pêche, contre laquelle aucune réglementation ne prévalait. Les institutions européennes et les organismes de protection de la nature préconisaient un prélèvement raisonnable des ressources ; les épouses et les enfants réclamaient la présence des pères à terre ; les tempêtes d'hiver prodiguaient leurs avertissements : rien n'y faisait. Jean menait son bateau toujours plus au large, envoyait le chalut toujours plus profond, pour des campagnes toujours plus longues. Et chacun se pliait sans discussion à ce joug qui était celui du patron, de la vie, de l'argent.

Pour Jean, il s'agissait d'autre chose. L'officier discipliné qui méritait son avancement traçait son propre sillon. Il imprimait sa marque sur l'océan, il lui faisait rendre gorge, et qu'importe si la houle effaçait aussitôt la balafre d'écume laissée par le sillage de son bateau. Quand la tempête empirait, le capitaine n'hésitait pas à mettre à la cape. Les hommes remontaient le chalut puis rentraient à l'abri dans leurs cabines, attendant que le temps se calme. Jean ne prenait pas de risques inconsidérés : ainsi, il était sûr de gagner. Il l'emportait sur la masse des eaux, sur la force des vents, remplissant ses cales de poissons au passage. Telle était sa vie de pêcheur. Campagne après campagne, il atteignait les objectifs fixés par la compagnie. Que ceux-ci augmentent à mesure que le poisson se raréfiait ne lui posait pas de problème. Au contraire, c'est ce qui le faisait continuer. Il savait bien qu'il n'en aurait jamais fini avec la mer. Et tant que le cours des marchés, les prouesses technologiques et l'avidité des hommes serviraient son intérêt, il n'aurait pas de scrupules à servir les leurs.

*

Puis vint le dernier jour. Le jour de la Grande Extinction. En ce temps-là, les hommes se croyaient les maîtres du monde. Par la science et la technique, ils acquéraient des moyens toujours plus sophistiqués pour exploiter la Nature, sonder l'Univers, manipuler le Vivant. Ivres de leurs pouvoirs, débarrassés de toute crainte et de tout respect, ils croyaient travailler pour eux-mêmes, aveugles à leur servitude qu'ils prenaient pour une liberté sans limite. Les avertissements ne leur avaient pourtant pas manqué. À mesure qu'elle soumettait la Création à la démesure de son orgueil et de son avidité, l'humanité s'abîmait dans le chaos. Les rivalités des puissants causaient des souffrances atroces. Des peuples entiers sombraient dans la misère.

Des générations d'enfants naissaient sous les décombres et dans les fumées d'interminables guerres. Ailleurs, se tramaient de terrifiants scénarios pour la survie de l'espèce. L'homme et la femme, leur alliance rompue, allaient chacun son chemin, la femme redevenue pour l'homme une proie, une esclave, un corps où couver des monstres conçus dans les laboratoires. Un temple à profaner, à saccager comme le faisaient les milices de violeurs et de tortionnaires, mais par d'autres moyens. L'homme fasciné par son sexe s'éprenait de lui-même et de sa puissance, dilapidant sa semence. Des prêtres abusaient d'enfants, et leurs crimes abjects étaient livrés en pâture à des foules scandalisées, qui s'en repaissaient.

Les hommes exultaient de s'être débarrassés de Dieu, le bafouant par tout l'Univers. Barbare était le péché des peuples barbares, fanatiques et violents. Misérable était le péché du peuple des misérables, réduits à la prostitution, la drogue et la mendicité, à l'exil au désert ou dans la boue des *jungles.* Superbe était le péché des superbes, peuples savants et riches mais lâches, cherchant par tous les moyens à se protéger du malheur. Trop tard, car le malheur était là, il avait solidement établi son emprise. L'innocent outragé, le juste martyrisé, le vieillard abandonné ne trouvaient plus de consolateur, et leurs larmes n'étaient pas essuyées.

Alors tout s'éteignit. L'humanité, éblouie par les réalisations de son orgueil et de sa convoitise, aveuglée par ses propres lumières, sombra dans le noir. Une déflagration venue du ciel fit disjoncter les ordinateurs et les éclairages publics, les satellites en orbite et les câbles sous-marins. L'Univers fut rendu à la nuit.

*

Jean était à bord de son bateau quand survint la catastrophe. Il naviguait par une nuit sans lune, brumeuse et ventée, sur une mer démontée. La pêche terminée, les cales pleines, le chalutier rentrait au port. Redoutant les récifs qui hérissaient les abords de la côte, Jean scrutait ses écrans de contrôle tout en s'efforçant de repérer le faisceau des phares qui peinait à traverser le brouillard opaque. Pour le marin, c'était le temps le plus dangereux, celui où les sens sont impuissants à donner l'alerte, où l'on ne peut compter que sur les machines. Un temps à rester chez soi. Un temps à s'empaler sur la roche, comme le *Drummond Castle*, ce paquebot anglais dont le naufrage avait causé la mort de plus de trois cent cinquante hommes, femmes et enfants, et tant d'autres navires perdus dans ces parages.

Tout alla très vite. La mer engouffrée sur le pont entraîna dans son reflux les pêcheurs qui ne prenaient plus la peine de s'harnacher ; privé de repères, le capitaine perdit le contrôle du bateau qui se mit à tournoyer sur les flots, tandis que les hommes à son bord se heurtaient aux parois, aux meubles, aux machines qui se renversaient dans un horrible tohu-bohu. Ceux qui étaient de repos moururent noyés dans leurs couchettes quand le navire alla s'ouvrir sur le roc dans un déchirement de tôles, livrant à la furie des éléments les fragiles existences humaines et des tombereaux de poissons morts.

Il y eut un soir, il y eut un matin. Le Soleil se leva sur l'océan, la Terre poursuivant sa rotation sur un axe inchangé. Attirées par la Lune, les eaux s'étaient retirées, emportant l'épave déchiquetée par les récifs, son contenu répandu alentour, les débris voguant sur les flots calmés. Au-dessus, les oiseaux de mer tourbillonnaient dans l'air limpide. Pas un homme, pas trace d'un corps. On les retrouverait plus tard sur la côte, coincés parmi les rochers, échoués au fond des criques, plus flasques que des méduses. La cargaison avait été engloutie, elle était retournée féconder les mers et nourrir les habitants des grands fonds.

Jean s'éveilla d'un sommeil qui ressemblait à la mort, alors qu'une mouette posée près de son visage picorait sa chevelure hérissée d'algues et de coquilles brisées. Par miracle, il n'avait pas été blessé. À présent que la marée descendait, il reposait sur une plateforme surplombant les rochers, au milieu de laquelle se dressait un phare. C'était une construction vétuste, à la tour fissurée de la base au sommet, au socle érodé par les vagues. Depuis longtemps on n'entretenait plus les phares en mer, ceux que l'on nommait les « enfers » par comparaison avec les « paradis » bâtis sur la terre ferme, qui permettaient aux gardiens de vivre parmi leurs semblables en dehors des heures de service. Depuis longtemps, les phares n'étaient plus gardés, personne ne les habitait. On avait automatisé leurs feux. Ce progrès avait entraîné leur dégradation, les constructions abandonnées aux intempéries subissant les coups du ciel et de la mer sans personne pour les entretenir. Les fondations s'ébranlaient ; à l'intérieur, l'humidité pourrissait les peintures et les boiseries ; par les vitres brisées, les oiseaux s'engouffraient et mouraient misérablement de n'avoir su trouver la sortie, se heurtant aux parois comme une âme qui ne peut s'échapper de son corps. Certaines tours s'étaient effondrées sur elles-mêmes, sombrant dans les profondeurs. Avec elles disparaissaient les prouesses déployées pour leur édification, les plans ingénieux des ingénieurs, les heures de travail arrachées aux marées par des maçons téméraires, les nuits de veille au chevet de la lanterne de gardiens neurasthéniques ou affairés…

Ce jour-là, le phare se dressait dans l'air lumineux, sous un ciel sans nuages. La mer était calme, sa surface miroitant au soleil, ses eaux palpitant doucement dans la brise légère. Planté sur son rocher, le phare semblait l'unique vestige d'un monde révolu, sur lequel avait passé la colère de Dieu. Un monde sans les hommes dont il aurait été l'ultime trace, rappelant le combat incessant de l'espèce pour dominer la nature. Les premiers feux allumés sur les côtes de part et d'autre de la Manche l'avaient été par des moines soucieux de sauver des vies humaines. Puis ce fut l'intérêt qui l'emporta. Les phares construits à l'ère industrielle devaient permettre aux navires marchands de transporter leur cargaison par tous les temps, en passant au plus court. Au service de l'argent, on avait déployé des trésors d'ingéniosité, de courage et d'endurance pour bâtir ces tours sur les promontoires les plus escarpés, les roches les moins hospitalières. La technologie progressant, elles étaient devenues de simples candélabres, une lampe électrique puis halogène remplaçant la lanterne, allumée depuis la terre ferme sans autre intervention humaine qu'un doigt pressé sur l'interrupteur. Tel qu'il était, ce phare à l'abandon témoignait de cette histoire, et bientôt il allait disparaître, sans personne pour commémorer les magnifiques et vains exploits des hommes qui l'avaient bâti.

Pourtant il en restait un – c'était Jean, le capitaine de pêche – qui s'éveillait douloureusement de son sommeil semblable à la mort. Il ne se souvenait de rien. Tout son corps lui faisait mal. Par instinct de survie, il se dévêtit et mit ses vêtements à sécher au soleil. Puis il s'assit, la tête entre les mains, vidé, rincé, nettoyé de son ancienne vie par la tempête. Au loin, il aperçut le rivage familier de l'île Haute, où sa mère était née. Il savait où il se trouvait, dans la passe étroite et semée d'embuches qui sépare l'île du continent. En ce jour d'après, le paysage paraissait différent. Jean sortit de sa prostration, se rhabilla et poussa la porte du phare. Le bois avait gonflé, mais elle céda sous son épaule. À l'intérieur, il faisait froid, l'odeur de moisissure imprégnait l'atmosphère. Le sol carrelé était glissant, poisseux, grouillant de cancrelats des mers que la lumière du jour fit refluer dans les coins, mais qui étaient visiblement chez eux dans le phare déserté. Jean fit la visite du monument et prit la mesure de son sort. Il trouva quelques denrées périmées, des allumettes humides qui lui refusèrent la moindre étincelle, deux couvertures mangées aux mites qui ne sentaient pas bon. La citerne installée pour recueillir l'eau de pluie ne contenait qu'un liquide rougi et saumâtre. Il pourrait peut-être survivre une semaine si le temps se maintenait au calme, mais après ?

Après… Le ciel s'embrasa à l'horizon. La sphère incandescente plongea dans l'océan, éclaboussant les cieux et les flots de jaune, de rouge, de vert. Le ciel se para d'écharpes chatoyantes déployant leur étoffe diaprée. Des couchers de soleil, il en avait vus, mais pas un comme celui-ci. C'était si beau ! et personne pour admirer le spectacle. Personne, sauf lui. Alors, il eut sa première révélation. S'il vivait, s'il avait réchappé du naufrage, c'était pour admirer cette splendeur, afin qu'elle ne soit pas dilapidée en vain, mais recueillie par des yeux, un cœur capables de s'en émerveiller. En cet instant, il comprit que cela suffisait, que cela aurait dû suffire à justifier sa vie.

Dans le ciel transparent apparurent les premières étoiles, pâles et tremblotantes, leur éclat se faisant plus intense au fur et à mesure que s'assombrissait la nuit. Jean sut ce qui avait changé dans le paysage. Quand il regardait vers l'île, il ne discernait qu'un bloc d'obscurité. Pas la moindre lumière électrique depuis les maisons. Le sémaphore n'émettait plus son signal. En cette nuit sublime, la première de sa nouvelle vie, il n'eut pas peur, ni froid, ni sommeil. Enveloppé dans les couvertures, il contempla le ciel où les étoiles scintillaient désormais sans concurrence, en écoutant la mer qui battait comme un cœur pacifique. Après la beauté, il reçut la révélation de la paix, une immense paix, au diapason de laquelle son âme se mit sans effort. Jusqu'à cette nuit, il ignorait qu'il avait une âme.

Le mauvais temps revint, et avec lui le froid, la peur, la faim, les cauchemars. Tant qu'avait brillé le soleil, mettant à profit les cours de survie enseignés à l'École de la Marine, il s'était démené sur l'îlot, récupérant et faisant sécher tout ce qui pouvait l'être. Les averses nocturnes et la rosée du matin lui procuraient de quoi boire ; les oiseaux de mer qui nichaient en foule sur le rocher se laissaient dérober un œuf, et les coquillages comestibles abondaient. Les algues vertes et luisantes lui faisaient même une salade acceptable, complétant son menu écologique.

À présent, seul dans son phare qui oscillait sous la bourrasque, Jean tremblait de peur et de froid. Le noir était complet, les allumettes n'avaient pas voulu s'enflammer. Le vent mugissait, les vagues s'abattaient sans répit sur les carreaux fêlés. L'eau pénétrait par les fissures de la maçonnerie. On ne savait plus si c'était le jour ou la nuit.

La colère de Dieu s'abattait sur lui. Trop de poissons étaient morts dans les cales de son bateau, dont beaucoup ne seraient pas même vendus ni mangés. Quant à ceux qui entraient dans les quotas et les dimensions règlementaires, ceux dont le cours était rentable, ils remplissaient davantage les comptes en banque des armateurs et des poissonniers que le ventre des multitudes affamées. Il y avait loin, de l'abondance vomie par le chalut à chaque remontée, aux deux poissons dont le Christ avait un jour nourri cinq mille hommes, sans compter les femmes et les enfants – on se demande encore pourquoi. Trop de poissons pêchés pour le péché des hommes ; trop de marins perdus en mer. Trop de vies abîmées, trop d'injustice. Trop de pouvoir pour si peu de service. Trop d'avidité pour si peu de partage. Trop de rivalité, de rancune tenace, trop de vengeance – et pas de pardon. Dans sa détresse, Jean eut alors sa troisième révélation. Il sut que le répit qui lui avait été accordé ne le dispenserait pas de la pénitence pour les fautes commises. Des fautes si terribles que le Tout-Puissant avait préféré couper le courant, éteindre la lumière pour ne plus les voir.

*

Seul dans le phare désaffecté, dans la nuit qui enveloppe la Terre, un homme affronte la colère de Dieu. La Terre roule dans les ténèbres, nue comme au premier jour, dépouillée de sa robe de lumières électriques. Au sommet de sa tour battue par les flots, l'homme scrute l'horizon. L'île qu'il aperçoit au loin ne lui apprend rien sur le sort de l'humanité. Aucune embarcation dans les parages, cela n'a rien d'étonnant. Le marin qu'il était hier encore ne s'en étonne pas : sans GPS ni signal visuel, c'est folie de naviguer par ici. Serait-il condamné à demeurer seul dans son phare, jusqu'à l'épuisement de ses forces ?

La nuit, il rêve de ses compagnons perdus, échoués sur la côte dans les anfractuosités des rochers, ou servant de pâture aux poissons par un juste retour des choses. Il voit leurs corps gonflés et bleuis, leurs visages attaqués par les crabes. Il se réveille en sursaut, fiévreux et transpirant malgré le froid, sous la couverture humide et malodorante. Il se lève, ses pieds se recroquevillent au contact du sol glacé. Il va jusqu'à la fenêtre où la Lune brille de son éclat mat. Le faisceau laiteux se dépose sur la mer agitée. Au ciel, les étoiles scintillent, on les aperçoit entre les nuages qui filent. Un monde sans la couleur, plein d'ombres et de mouvements. Il fallait bien quelqu'un pour voir le spectacle, et c'était lui. Ses mérites n'y étaient pour rien. Qu'importent ses mérites ? Il lui fallait vivre pour que le monde existe. Quand on n'a rien à manger, rien pour se chauffer, qu'on est perdu en mer, c'est beaucoup. S'il s'agit de justifier la Création, cela suffit.

Sa vie s'organisait sur le phare. Il n'était pas sans ressources. Pour consolider son abri, il avait peu de matériel à sa disposition, mais ses connaissances techniques lui permettaient de repérer les points faibles et de les réparer. Quand le temps était calme, il arrachait des blocs de pierre au rocher et s'en servait pour renforcer la base du phare. Il colmata les brèches de la maçonnerie avec du sable lié au blanc d'œuf qui donna un ciment acceptable. Il nettoya le phare de fond en comble et fit circuler l'air afin d'assainir l'atmosphère. Habitué à vivre dans un espace confiné, il aménagea son vaisseau immobile, le protégeant des intempéries et le dotant des commodités élémentaires. Jean prenait soin de sa personne autant qu'il le pouvait. Ses cheveux avaient poussé, drus et noirs. Il les lissait et les nouait pour garder le visage dégagé. Il avait toujours été glabre, ce qui est un avantage dans la marine. Il lui poussa une barbe légère et douce, qui bouclait avec l'humidité. Il s'efforçait de garder ses vêtements propres et secs. Toujours actif, tendu vers la réalisation de ses tâches quotidiennes, il avait tiré un trait sur sa vie passée.

Il ne croyait pas à un sauvetage depuis la côte. Aucun bateau ne viendrait le chercher, aucun hélicoptère ne descendrait du ciel pour le récupérer. Ce phare serait son tombeau. Désormais, il n'était plus maître de sa vie. Il suffirait d'une chute brutale de la température, d'une vague scélérate, d'un accès de désespoir pour que tout s'arrête. Son corps était à la merci d'une intoxication alimentaire ; il pouvait se briser un membre, tomber à la mer. Son esprit devait lutter sans arrêt contre l'angoisse et la folie. L'isolement le mettait en péril de mort. Un jour vécu jusqu'au soir, une nuit achevée dans les lueurs de l'aube tenaient du miracle. Ce fut sa quatrième révélation.

Un jour, alors qu'il vidait le contenu d'un placard, il mit la main sur une Bible. Sa présence à bord n'avait rien d'étonnant : elle faisait partie du mobilier répertorié dans l'inventaire. Les gardiens étaient censés y trouver un réconfort spirituel dans leur solitude. Rarement ouvert, le livre avait valeur de talisman, éloignant les forces maléfiques qui rôdaient autour des phares. Jean l'ouvrit au hasard. Il tomba sur l'histoire de Jonas, le prophète récalcitrant qui avait passé sa vie à fuir le Seigneur, jusqu'à se retrouver dans le ventre d'une baleine. Lui aussi, il avait passé sa vie à fuir le souvenir obsédant de sa mère, ses responsabilités vis-à-vis des humains et des animaux, tapi à l'intérieur d'un monstre aux écailles de tôles, aux entrailles pleines du menu fretin qu'il avalait goulument. Jusqu'à ce qu'il soit vomi par la bête sur ce rocher.

À partir de ce jour, Jean décida de changer de nom et de consacrer quotidiennement un moment à la lecture de la Bible. Ce ne serait pas facile, car il n'avait rien pour s'éclairer en dehors de la lumière du soleil, et ces heures de clarté étaient déjà bien employées. Il fabriqua un sablier et l'utilisa pour caler ses activités. Jonas, ainsi qu'il s'était lui-même baptisé, ne tarda pas à s'apercevoir que la lecture du livre devenait le cœur de sa journée, qu'il en attendait l'heure, l'anticipait et la prolongeait tout en s'activant à ses autres tâches. Il n'aurait jamais cru qu'il y avait tant d'histoires de poissons dans la Bible. De Tobie, il apprit que leur fiel est un bon médicament pour les yeux, et se promit de s'en souvenir quand sa vue faiblirait. Il apprit aussi qu'entre l'homme et l'animal, il est un autre rapport possible que la prédation et la lutte à mort. Du poisson vorace jailli hors de l'eau pour lui dévorer le pied, Tobie se rend maître non pour répondre à la violence par la violence, mais pour réserver son foie et son cœur à la guérison de sa fiancée et de son vieux père. Il ne consomme de sa chair que ce qui est nécessaire à sa survie. Quand Jonas en arriva aux Évangiles, il n'était question que de pêcheurs et de filets. Comme ces hommes lui étaient proches, qui gagnaient leur vie en s'embarquant de jour et de nuit ! Comme il était différent d'eux pourtant, lui dont le métier consistait à prévoir et calculer afin de rendre chaque sortie plus rentable, alors que Pierre, Jacques et Jean s'en remettaient au hasard, à la providence, au miracle pour remplir leurs barques ! Et Jésus l'accomplissait, ce miracle, annihilant d'un geste, d'une parole, l'effort et le prix du travail. Vraiment, il gâchait le métier ! Trop ou pas assez, le poisson crevait les filets, se fichait des quotas et des cours du marché. À ce compte, autant se faire pêcheur d'hommes !

Mais des hommes, autour du phare, il n'y en avait pas.

Tous les matins, Jonas montait au sommet de la tour et déclamait une page de la Bible face à l'océan. Les paroles s'envolaient dans le vent, semées pour de mystérieuses récoltes. Il avait découvert les Psaumes, qui mettaient des mots si justes sur ce qu'il éprouvait :

Des hauteurs il tend la main pour me saisir,
Il me retire du gouffre des eaux.

Il s'est penché vers moi
pour entendre mon cri,
Il m'a tiré de l'horreur du gouffre,
De la vase et de la boue.
Il m'a fait reprendre pied sur le roc.

Une nuit, Jonas fut réveillé par des cris de terreur. La houle avait rabattu sur l'îlot une embarcation avec ses passagers. Il y avait si longtemps qu'il n'avait pas vu d'êtres humains qu'il les prit d'abord pour des noyés remontés du fond de la mer. Mais ils étaient bien vivants, affolés, claquant des dents, appelant à l'aide dans une langue qui n'était pas la sienne. Parant au plus pressé, il les fit sortir du bateau échoué et les mit à l'abri dans le phare. Il n'avait qu'un peu d'eau douce à leur donner, et ses couvertures. On n'y voyait guère à cette heure ; il attendit le lever du jour, accoudé à sa fenêtre, tandis que les corps exténués sombraient dans le sommeil, serrés dans le lit clos pour se tenir chaud. Au matin, il fut ému de leur aspect misérable. Les laissant reposer, il sortit pour glaner quelques œufs, des coquillages et des algues, qui faisaient l'essentiel de sa nourriture. Il s'en voulait de n'avoir pas mieux à leur offrir, surtout aux enfants, qui auraient eu besoin de pain et de lait. Il avait appris à survivre seul, la nature pourvoyant à ses besoins. Mais devant ces hôtes que la mer lui avait apportés, il se sentit démuni, impuissant, pauvre.

Tandis qu'il faisait le tour du rocher, poursuivant sa maigre récolte, il se retrouva nez à nez avec un garçon qui tenait à la main un poisson encore frétillant. Comment l'avait-il attrapé ? L'enfant s'accroupit, posa le poisson sur la roche, le fendit en deux à l'aide d'une coquille d'huître, le vida et le rinça proprement, lançant ses entrailles aux mouettes qui s'étaient approchées. Puis il se mit à frotter avec dextérité deux cailloux l'un contre l'autre. Jonas ne quittait pas des yeux ses mains habiles, émerveillé par le prodige qui s'accomplissait. Le garçon rassembla quelques algues séchées par le soleil, souffla dessus, et le feu prit. Le poisson fut mis à cuire sur le foyer improvisé ; il y en eut assez pour tout le monde.

Ces gens venaient d'un pays où la guerre sévissait ; ils cherchaient à gagner une terre plus hospitalière, quand ils avaient été rabattus par les vagues sur le récif près du phare. Ils étaient partis sans rien emporter, car ils n'avaient que leur vie et leur espérance. Jonas fut rempli d'admiration pour cette humanité survivante, prête à tout risquer afin d'exister dignement quelque part. Il les aida à réparer leur bateau, leur donna de l'eau, et ils s'en repartirent sur la mer, lui ayant fait cadeau du feu.

De ce jour-là, Jonas s'attribua une nouvelle tâche. Puisqu'il y avait encore des hommes qui prenaient la mer, le phare devait retrouver sa fonction. Avec mille précautions, il transporta le feu au sommet de la tour. Il ne disposait, pour l'alimenter, que du goémon qui poussait en abondance sur les rochers. Il apprit à le récolter, à le faire sécher par les jours de soleil et de vent, à le stocker à l'abri de l'humidité. Une réorganisation complète de ses journées et de ses nuits s'ensuivit. Désormais, les veilles se succédaient, entrecoupées de brefs temps de sommeil. Bientôt, il trouva un nouvel élan dans cette alternance réglée qui accordait à toutes les dimensions de sa vie leur juste place. Lisant, travaillant, veillant, il vivait dans la crainte et l'espérance, l'abandon et la confiance.

Les oiseaux de mer qui tournoyaient autour du phare s'étaient familiarisés avec sa présence. Il observait leur vol et savait y lire les présages du mauvais temps et du retour des saisons, comme le faisaient ses ancêtres les druides. Rivé à son rocher, il sentait la Terre pivoter sur son axe et poursuivre sa course autour du Soleil. Au fur et à mesure que le jour croissait et déclinait, que les nuits raccourcissaient, il percevait sa giration dans le vaste Univers. Il observait les constellations sur lesquelles les yeux de tant de marins s'étaient usés, et leur lent déplacement sur la voûte céleste. À bord du phare immobile, il appareillait pour un voyage cosmique. Mais alors que les mouvements de la Terre et des étoiles obéissaient à un rythme immuable, le temps avait sur lui des répercussions. Jonas vieillissait, et il allait mourir. Ainsi faisait-il partie du vaste Univers, sans se confondre avec lui. Dans l'immensité soumise aux forces de la gravitation et à d'autres plus secrètes, il existait en dehors de ces forces. Son corps avait un rythme propre ; il ne se régénérait pas dans le mouvement perpétuel, mais se transformait avec les années. Ses cheveux blanchissaient. Ses membres se raidissaient. Ses épaules se voûtaient inexorablement. Son esprit ne vacillait pas ; il éclairait l'Univers dans ses moindres recoins. Plus sûrement que les astres, que les flammes du goémon qui se consumait jour et nuit au sommet du phare, son esprit éclairait l'Univers.

Il était en relation directe avec le Créateur, qui n'est pas le Grand Tout s'abîmant et renaissant dans les explosions cosmiques, mais Dieu qui crée à partir de rien. Et ce qu'il crée, cette débauche de matière et d'énergie, s'ordonne en un lieu qui est la Terre, pour donner la vie. La vie à son tour se complexifie jusqu'à donner l'homme – « homme et femme Il les créa ». Pour que l'humanité soit, il faut ce grand bazar d'étoiles naissantes et de trous noirs, de galaxies et de météores. Il le faut. Dieu ne lésine pas. Il trouve que cela vaut la peine de gâcher tant de matière, car l'humain seul, dans l'Univers, a le pouvoir d'attester l'existence de son Créateur. Il y a des échecs, des découragements. Comme l'artiste qui froisse sa page, brise son marbre, lacère sa toile, Dieu envoie le Déluge, éteint la lumière. Puis il se reprend et reprend son travail. Il suffit d'un homme, d'une femme, pour redonner sens à la Création, rendre au Créateur l'espérance, et parfois la joie sans pareille de la réussite qui justifie tout. Alors Dieu accède à sa propre existence, il ne doute plus de lui-même : il est reconnu.

Jonas, tout en prenant de l'âge, montait chaque jour au sommet du phare pour y déclamer les Psaumes. Chaque nuit, il entretenait le feu, signalant les récifs. Il scrutait la mer horizontale, y cherchant quelque embarcation en péril. Il levait les yeux vers le ciel, dressé, autant que le lui permettaient ses épaules voûtées, vers un point qui transcendait l'espace-temps onduleux, et sa prière s'élevait sur cet axe.

D'autres phares s'allumèrent sur la mer d'Iroise. D'autres solitaires imitèrent Jonas. Tant que dura la Grande Extinction, des saints allèrent s'isoler sur les phares désaffectés pour y trouver Dieu, lui faire signe en allumant des feux. Ils aidaient les exilés en fuite, les marins égarés, tous ceux qui se risquaient en mer sans recours ni secours. Une Bible, un briquet, du varech et de l'eau étaient tout ce qu'il leur fallait. Ils vivaient et mouraient dans leur phare, travaillant et lisant, contemplant et veillant, tissant sur les flots mouvants, par les sombres nuits, un voile de charité. Lorsqu'un feu s'éteignait, on savait que le saint avait rejoint son Créateur, son âme élevée dans les cieux sur les ailes d'un goéland nommé Livingstone, préposé à ce service car il aimait voler haut. Un autre prenait sa place. Il en fut ainsi tant que dura la Grande Extinction.

Babel oubliée de Dieu

Le jour de l'inauguration approchait. Les puissants et les riches avaient été conviés à l'événement, de tous les continents on attendait les invités de marque. Tyrans populistes en quête de reconnaissance internationale, démocrates en faillite à l'affût de marchés juteux se presseraient, entourés de leurs courtisans et de leurs conseillers techniques. Magnats des affaires, tycoons de la finance viendraient dépenser leur argent sans compter. Dieux du stade, icônes de la mode arriveraient en jets privés pour se pavaner devant des millions de supporters *via* les réseaux sociaux. Pas un ne manquerait à l'appel. Ils seraient reçus avec magnificence dans les suites princières, royales, impériales des palaces cinq étoiles. Des cadeaux somptueux leur seraient remis : chacun repartirait les bagages remplis de parfums, de bijoux et d'accessoires de prix. Tout ce que l'industrie du luxe produit de plus cher serait généreusement distribué.

La Tour la Plus Haute du Monde valait bien ces largesses. Dressée sur mille mètres de hauteur, elle surplombait le désert, la pointe de sa silhouette élancée se perdant dans les nuées. Elle renverrait au monde le message de la puissance de ses commanditaires, signe d'une réussite fulgurante et gage de prospérité future. Pour l'édifier, on avait fait appel aux architectes du plus grand renom, aux ingénieurs les plus qualifiés, à des cohortes d'ouvriers du bâtiment venus de pays éloignés. Toutes les formes du génie humain avaient concouru à la réalisation d'une entreprise qui bravait les lois de la physique. La démesure du projet avait été l'aiguillon de sa réussite. Le sous-sol était trop meuble pour supporter l'édifice ? Les vents qui soufflaient du désert mettraient sa structure en péril ? Les parois translucides feraient de l'intérieur du bâtiment un four ? Aucun de ces problèmes ne devait être insoluble ; il n'y avait qu'à inventer des solutions nouvelles. Et le génie humain avait triomphé des obstacles, ce génie auquel rien ne résiste, pourvu qu'on y mette les moyens. À chaque difficulté, l'argent avait afflué et rendu possible l'impossible. Les cerveaux chauffaient, les bras s'activaient, les équipes redoublaient d'efficacité, les ingénieurs d'ingéniosité grâce à la prime promise.

Il s'agissait de glorifier la puissance, mais pas en pure perte. Tout avait été calculé. Les retombées seraient énormes. La tour devait rapporter plus qu'elle n'aurait coûté. Le bâtiment produirait son énergie grâce aux éoliennes incorporées dans sa structure. Les commerces et les attractions qu'abriteraient les premiers étages feraient rentrer des devises. On vendrait les niveaux supérieurs en appartements dont le prix au mètre carré augmenterait avec l'altitude. Des hauteurs, on surplomberait la ville hérissée de tours, les aménagements du bord de mer, et le désert au loin. Quand les vents de sable obscurciraient l'atmosphère, quand la pollution engendrée par l'urbanisation à outrance noierait la ville artificielle, il resterait les étoiles, que les plus fortunés pourraient aller tutoyer grâce au télescope installé au dernier étage. Cela aussi se paierait.

Chacun devait y trouver son compte : les travailleurs immigrés venus chercher de quoi faire vivre leurs misérables familles ; les ingénieurs qualifiés qui n'auraient pas trouvé ailleurs salaire aussi avantageux ; les cabinets d'architectes à l'affût de la gloire… Tous avaient accepté de mettre leurs forces et leurs talents au service de la tour. À présent qu'elle se dressait vers le ciel, miroitant de toutes ses parois translucides sous le soleil implacable, ils ressentaient une immense fierté. Lors de la clôture du chantier, ils avaient fêté sa réussite, communiant dans l'allégresse devant la prouesse accomplie ensemble. Les vivats avaient fusé, on avait échangé des félicitations à grand renfort d'accolades et de poignées de main. On s'était congratulé en anglais, de l'architecte étasunien à l'ouvrier sri-lankais, en passant par les ingénieurs français sortis des grandes écoles de la République. Abolies les barrières linguistiques, les frontières nationales ! Oubliés les us et coutumes, les rites et les interdits, le fatras des cultures particulières ! Délaissés les tribus, les familles, les vieux parents, les enfants, les épouses esseulées ! Reniés les serments, les principes, les enseignements des ancêtres ! Abjurés les dieux et leurs cultes, les cérémonies, les prières, les dimanches chômés... Acceptés, dans la liesse de ce jour de fête, les conditions de travail indignes, l'inconfort, les brimades, les séparations. Enterrés les morts du chantier, et ceux péris sous les décombres d'autres tours percutées par des avions aux mains des cousins du propriétaire. Les victimes d'hier avaient élevé un monument à la gloire de leurs bourreaux, dans un grand pardon béni par l'Or et l'Argent.

*

Sous l'auvent de sa tente, le prophète contemple la ville érigée aux confins du désert. Les silhouettes des tours tremblent dans l'air brûlant. La plus haute les domine, superbe, pointant vers le ciel sa flèche d'acier. Elle transperce l'azur, pourfend l'éther de sa pointe acérée. Et Dieu ne fait rien. Le prophète est perplexe. Aux temps bibliques, les hommes rescapés du déluge, petits-fils d'Adam et fils de Noé, avaient décidé de fonder une ville qu'ils nommèrent « Babel » et d'y construire une tour. Ils mirent en commun leurs efforts, et bientôt le monument s'éleva vers le ciel. Le Très-Haut n'apprécia pas. Il mit un terme à l'expérience. En privant les hommes d'une langue commune, il rendit le travail sur le chantier impossible et les contraignit à se disperser sur la Terre.

Pourquoi ? Dieu serait-il jaloux de ses créatures ? Ne supporterait-il pas la concurrence ? Ou serait-ce pour les protéger d'eux-mêmes qu'il aurait découragé leur tendance à s'unir pour créer des monuments défiant sa grandeur ? Comme si, par son génie propre, l'humanité ne pouvait qu'aller à sa perte. Quel manque de foi en sa créature de la part du Seigneur, songe le prophète ! Ce mystère est grand…

Accroupi sous sa tente alors que le soleil darde ses derniers rayons, il s'interroge. Si le Tout-Puissant avait désapprouvé l'initiative des bâtisseurs de Babel, pourquoi laissait-il libre cours à ce chantier sacrilège qui réunissait les hommes orgueilleux dans le culte de la richesse ? Serait-il lassé par les défis qui lui étaient lancés depuis cinq mille ans par les habitants de cette petite planète ? Serait-il blessé à mort, saigné à blanc par les tours qui hérissaient la Terre, de New York à Hong Kong, de Dubaï à La Défense ? Désormais, la Terre roule dans l'espace comme un oursin ballotté par les courants. Pourquoi Dieu viendrait-il empaler sa Justice sur les piques dressées contre lui par des homoncules ingrats ?

Le prophète caresse sa barbe et baisse les paupières. Cela fait longtemps qu'il a renoncé aux images. Un moment, il a été tenté de se crever les yeux pour se soustraire définitivement à leur emprise. Mais c'eût été péché, car la Création mérite encore d'être admirée. Seules les images sont blasphématoires, celles qui s'affichent pour tromper l'homme, aiguiser ses désirs et ses penchants mauvais. Il a donc quitté ses écrans ; il a renoncé à sa maison hyperconnectée, aux mirages de la ville artificielle, pour revenir au désert où vivaient ses ancêtres. Dans le dénuement et le silence, il reçoit les révélations que ne peuvent délivrer ni internet ni la télévision.

Pourtant, la nuit, il a froid. Seul sous les étoiles, il a peur. Quand la chèvre qui le nourrit de son lait ne trouve pas les maigres pousses nécessaires à sa subsistance, il endure la faim et la soif, et il geint. Il lui est même arrivé d'aller quémander aux abords de la ville, mais il s'est fait tirer dessus par les gardes des riches propriétés. Dieu ne pourvoit pas toujours aux besoins de son prophète. A-t-il eu raison d'abandonner son poste bien rémunéré, ses amis fortunés, sa famille haut placée ? Son ordinateur, sa voiture, sa piscine ? A-t-il eu raison d'enfermer dans un tiroir ses diplômes et son brillant CV, puis d'en jeter la clé ? Du ciel, rien ne vient, sinon les jets privés transportant les invités qui convergent vers la cité. Et cela fait un réseau de traînées blanches dans l'azur, dont la main de Dieu ne déchire pas les mailles.

Le « pourquoi » du prophète retentit dans la nuit piquetée d'étoiles et sa colère enfle en une clameur terrible. Si Dieu ne sauve pas, s'il ne punit pas, s'il s'est détourné de Babel, n'est-ce pas à lui, son prophète, d'agir ? N'est-ce pas à lui de détruire le monument blasphématoire, de faire exploser la tour, d'éliminer les mécréants, les idolâtres réunis à ses pieds dans leur culte impie au Clinquant ?

Les poings serrés, la tête baissée, il se tait et se mord la langue, si fort qu'il ne pourra jamais plus jamais parler.

*

Au fond de son antre, la bête restait tapie, immobile. Les soigneurs ne l'approchaient plus, pas même sous la menace des gardiens de la propriété armés jusqu'aux dents. Rien n'y faisait. L'animal ne répondait pas aux stimulations, il se détournait des appâts. Le colosse de muscles et de poils ne voulait plus se montrer. Il poussait des grognements terrifiants, exhibant ses crocs jaunes et, si l'on insistait, se dressait sur ses pattes arrière, tambourinant sur son torse de ses poings serrés en lançant le rugissement fameux qui lui avait valu le surnom de King Kong. Puis il retournait au fond de sa tanière et n'en bougeait plus.

Le dresseur et son équipe étaient sur les dents. Ils redoutaient la colère de leur employeur plus encore que celle du gorille. Cela faisait des mois qu'ils entraînaient l'animal dans le plus grand secret, car il fallait que la surprise soit totale le jour de l'inauguration. La mission n'avait rien d'évident : dans cette région désertique, il n'y avait pas d'arbre ni de pylône sur lesquels exercer un grand singe qui n'avait jamais connu la forêt. Celui-ci était né en captivité. Il faisait partie du cheptel acquis à prix d'or, au mépris de toutes les réglementations, par le richissime propriétaire de la tour, qui en avait fait cadeau à son fils. Une armada de soigneurs, de gardiens et de jardiniers prenait soin des bêtes et de la jungle artificielle, sous surveillance permanente, recréée pour eux dans les limites de l'immense domaine. L'idée de faire escalader la Tour la Plus Haute du Monde par le gorille, sous les yeux des centaines d'invités et de millions de voyeurs, avait germé dans la cervelle de l'adolescent saturée de jeux vidéo. Elle avait plu à son père. Et comme rien n'est impossible à qui possède l'argent, les préparatifs étaient allés bon train. Le vétérinaire du zoo privé avait fourni les substances, EPO et autres anabolisants, destinées à transformer le jeune gorille en montagne de muscles. Pour développer ses capacités respiratoires et supprimer les effets du vertige, on était allé débaucher un cosmonaute en retraite, chargé de l'entraînement des candidats au voyage dans l'espace. Sur sa cagnotte personnelle, la mère de l'adolescent au sourire bagué d'or avait fait construire un local équipé pour cette mise en condition hors normes. Le moment venu de lancer l'animal à l'assaut des sommets, une expédition avait été organisée vers un site tenu secret, où se dressaient des carcasses d'immeubles inachevés – ou détruits par quelque cataclysme, on ne savait pas bien. La zone, louée par un pays voisin belligérant et néanmoins allié, avait été sécurisée, et les entraînements avaient pu commencer – avec un alpiniste chevronné cette fois. Ou plutôt deux, car il avait fallu remplacer le premier, victime d'une chute mortelle. Que de tracas, que de billets distribués, de menaces et de promesses pour éviter que l'accident ne soit ébruité en Suisse ! Cela aurait mis par terre l'effet de surprise.

Enfin le grand jour arrive, c'est demain. Mais King Kong refuse de coopérer. Cet acte de volonté, car c'en est un à l'évidence, est aussi inflexible qu'énigmatique. C'est comme si le singe soumis à ce régime extraordinaire s'était humanisé. Comme s'il comprenait ce qui est en jeu, et refusait de s'exhiber pour le bon plaisir et la gloire d'une créature dont il ne ferait qu'une bouchée s'ils étaient mis face à face. Le garçon ne s'est jamais approché de la bête. Il la houspille ou la nargue de la voiturette qui lui sert à se déplacer dans l'immense parc grillagé, toujours encadré par ses « gorilles en uniforme », ainsi qu'il aime à désigner les employés chargés de la sécurité. Devant ce refus inadmissible, alors que les dresseurs déclarent forfait, tremblant d'être livrés tout vifs à la bête, le vétérinaire trouve la solution. Autrefois, il a étudié dans les universités, travaillé dans de grands laboratoires et même, dit-on, dans les officines de dictateurs peu scrupuleux sur les droits de l'homme. À présent, il s'est trouvé cette sinécure au soleil, mais il reste un scientifique qui se tient au courant des nouveautés. Un mélange de sa façon, une injection bien dosée dans une zone spécifique du cerveau permettront d'annihiler la volonté de l'animal récalcitrant. Une fois son tempérament chimiquement calmé, on n'aura plus qu'à barder son corps d'électrodes camouflées sous son pelage. Tout au long de l'ascension, des décharges lui seront administrées à distance, déclenchant ou amplifiant l'impulsion musculaire du gorille téléguidé.

*

Le moment tant attendu arriva enfin. La foule des invités s'était massée au pied de la Tour la Plus Haute du Monde. Les bijoux des femmes scintillaient, les crânes des hommes luisaient. Depuis la veille, la fête battait son plein. Un somptueux festin avait été servi dans un décor inspiré de la galerie des Glaces de Versailles, sous les feux de lustres en cristal de Bohême. Des musiciens emperruqués jouaient des airs de Lulli, tandis que des dizaines de petites servantes asiatiques costumées en bergères du Trianon passaient les plats préparés par un chef parisien. C'était la *french touch*, le comble du raffinement, avant l'orgie qui se déroulerait à huis clos, pour les messieurs seulement, tandis que les dames assisteraient à un défilé de haute couture, de créateurs français eux aussi. Mais pour l'orgie, on avait préféré des filles russes.

Un mouvement se fit soudain dans la foule qui s'ouvrit comme un fruit trop mûr pour livrer passage, dans les cris et les rires, à un mastodonte velu, roulant des yeux terrifiants, qui fit bientôt le vide autour de lui. À la stupéfaction du public, le singe se mit à escalader l'édifice. La première frayeur se changea bientôt en hystérie. La foule en délire accompagnait l'ascension de hurlements et de quolibets. Aux interjections désordonnées succédèrent les deux syllabes reprises en cadence par les spectateurs sur un rythme de plus en plus haletant : KING KONG ! KING KONG ! Parfois, le gorille ralentissait, s'arrêtait, puis, dans un brusque tressaillement, reprenait sa montée. Le succès dépassait toutes les espérances. Les doigts s'activaient sur tous les smartphones. Des milliers de *youtubers* relayaient les images auprès de millions de *followers*. Déjà, les exploits du singe avaient fait le tour de la planète. Sa silhouette s'amenuisait au fur et à mesure qu'il grimpait ; bientôt, il ne serait plus qu'un point qu'on distinguerait à peine. Alors, surgi de nulle part, un hélicoptère se mit à voler en spirale autour du bâtiment. À son bord, un cameraman filmait les évolutions du singe. Des écrans géants s'allumèrent au pied de l'édifice, où l'on put voir en gros plan sa face affolée, son corps distordu par l'effort. Les spectateurs médusés contemplaient ce spectacle terrible et suivaient, par le relais des images, l'ascension du gorille. Au moment où King Kong atteignit le sommet de la tour, une plateforme exiguë d'où s'élevait l'éperon qui transperçait le ciel, le silence se fit total. C'était l'effet escompté. Le technicien en charge du téléguidage poussa à fond la manette destinée à envoyer la décharge qui provoquerait le rugissement de l'animal, dont les échos seraient perceptibles un kilomètre plus bas grâce au micro dissimulé dans sa toison, activé à ce moment ultime.

Mais le singe, arrachant les capteurs et dévoilant l'artifice, n'obéit pas à la machine. Avec une agilité qui n'avait plus rien de forcé, il grimpa le long de la flèche puis alla s'empaler sur sa pointe, victime expiatoire offerte en holocauste à Dieu qui est aux Cieux, sous le regard de millions d'hommes épouvantés, tandis que son sang, goutte à goutte, retombait sur eux.

*

Il pleut sur le désert une pluie rouge. Désordre climatique inédit et pourtant annoncé. Sur cette région du globe que ne survolent pas les nuages, quelque chose s'est amassé. Les stations météo ne savent pas nommer ce phénomène ni l'expliquer. Au creux des dunes se forment des flaques rougeâtres. Quelle végétation en surgira, et qui pourrait s'y abreuver ?

Le désert n'est pas vide. On y a relâché les bêtes du zoo, mais aussi des humains qui errent aux confins de nations inhospitalières. Sous l'auvent de sa tente, le prophète muet attend les visiteurs du soir avec qui partager le vin et le lait, tandis que les astres un à un s'allument pour le festin. La voûte étoilée resplendit, le ciel est en fête, les invités se pressent. Guenilleux, faméliques, épuisés, les voici rassemblés ; il en arrive encore, par familles entières, mais il y a de la place. Le Maître a demandé qu'on leur fasse honneur. Les animaux s'approchent à leur tour, craintifs après ce qu'ils ont connu des hommes. Les premiers, ils s'abreuvent aux sources que leur soif n'assèche pas. Alors les femmes y conduisent leurs enfants et s'y baignent. Elles se font belles pour le festin qui leur est destiné. Un chant d'allégresse monte des rives du fleuve. Dans les jarres et les outres, l'eau changée en vin réjouit le cœur des hommes. Sous la tente, la Sulamite au sourire éclatant a rejoint son bien-aimé. De leur étreinte sans témoins renaît l'humanité.

Siméon, nouveau stylite

VINT un jour où je décidai de prendre de la hauteur. J'en eus assez des bas-fonds ; j'en eus assez jusqu'à la nausée de l'ennui dans lequel s'enlisaient mes journées, des fantasmagories qui envahissaient mes nuits. Chaque matin, au réveil, je subissais les impressions laissées par ces visions pénibles dont l'emprise se prolongeait souvent jusqu'au soir. Ma vie se traînait dans ces ombres épaisses, s'engluait dans un marasme dont nul effort de la volonté, nulle main secourable ne parvenaient à l'extirper. Plus je me débattais, plus je m'enfonçais dans la dépression, lesté par le poids des souvenirs, des êtres chers qui ne sont plus, des lieux aimés qu'on a perdus. La mort, la mort avait posé sa main sur moi et me couvrait de son ombre. Alentour, rien pour me consoler.

Avalanche de maux divers s'abattant sur mes semblables : cancer, chômage, divorce... Le prochain, mal en point plus encore que moi-même, ajoutait à ma détresse la honte de ne pas savoir exactement pourquoi je souffrais. Le lointain était immolé dans un perpétuel massacre ; de son martyre, rien ne m'était épargné, spectacle son et lumière en léger différé sur tous les écrans, auquel on ne pouvait échapper. Injustice et violence déferlaient sur le monde, faisant peser sur moi le joug d'une culpabilité sans faute. Rebuté par la richesse et le pouvoir, déçu par l'ambition et la gloire, trompé par l'orgueil, protégé du besoin par le travail d'autrui, je végétais dans une oisiveté dont je n'ignorais pas qu'elle est la mère de tous les vices.

Mais des vices, je n'en ai guère, sinon celui de me complaire dans mon malheur. Donc, pas le moindre divertissement à attendre de ce côté.

Le soleil qui brille sur les bons et sur les méchants, le soleil se faisait capricieux. Il défiait les saisons, voilant sa face ternie par la pollution. Depuis quand n'avais-je entendu le chant d'un oiseau ? Des pigeons aux teintes pétrole nidifiant sur le rebord de ma fenêtre avaient infesté mon logis de leurs poux. Il me fallut pulvériser sur la vermine des produits létaux inventés par l'homme, jusqu'à ce que la dernière bestiole ne fût éradiquée. Puis je me procurai un dispositif infernal hérissé de pointes métalliques, destiné à empêcher l'installation des volatiles urbains sur le territoire des hommes. La mésaventure me reclut un peu plus chez moi. Je perdis tout intérêt pour les jardins publics, je n'eus plus de goût pour les massifs, les bassins, les recoins ombragés. Lorsqu'il m'arrivait encore de franchir les grilles du parc, je me retrouvais pris dans le tourbillon des coureurs qui avaient colonisé l'espace autrefois dévolu aux errances poétiques, pour en faire le lieu de leurs exercices. Exhibant des corps ridiculement dévêtus, transpirant dans un effort sans but, ils tournaient, tournaient sans jamais prendre leur envol. Mieux valait rester claquemuré chez soi tandis que, dans les beaux jardins d'autrefois, les chenilles dévoraient les buis, les frelons décimaient les abeilles, les troncs des marronniers se creusaient sous les mandibules d'on ne sait quel parasite.

Vint un jour où je décidai de prendre de la hauteur. Comme on arrête de fumer, sur une impulsion en laquelle se sont ramassées toutes les forces trop longtemps tenues en échec, qui soudain l'emportent, rompant l'équilibre, changeant la donne, faisant basculer l'être du côté de l'être et non du néant. Victoire ! Ce n'est donc pas en vain que je me lamentais jour et nuit, que je me débattais contre le désespoir, croyant y céder ! Dans mes jérémiades comme dans celle du prophète, il y a un signe, un avertissement, un empêchement de tourner en rond. Et c'est peut-être là ma vocation, pourquoi pas, que de geindre et de regimber, comme une mule qui n'est pas décidée à traverser le gué.

Comme la mule rétive, je bloque ; on a beau me tirer, me pousser, donner du bâton sur mes flancs, tenter de fléchir mes jarrets, je résiste et parfois donne un coup de sabot bien placé. Mauvaise bête ! Foutue bête. C'est peut-être que je connais d'autres chemins qu'il me plairait de vous faire emprunter. Bête de somme : j'en ai gros sur l'âme et plein le bât de vos fautes. Mais voilà : c'est assez, je ne veux pas finir comme le petit âne gris de la chanson larmoyante ; je m'en vais caracoler sur les hauteurs, et vous ne pourrez pas me suivre ! Je me sens pousser des ailes. Le drôle d'animal que voilà ! Quadrupède au pelage rêche, aux oreilles mobiles qui n'entendent que ce qu'elles veulent, aux pattes grêles et capricieuses, aux beaux yeux… Il lui pousse des ailes !

Je prends mon élan, je m'élève *au-dessus des étangs, au-dessus des vallées, des montagnes, des bois, des nuages, des mers*… Au-dessus des souvenirs, du passé qui ne veut pas passer. Des désirs sacrifiés, des rêves inaccomplis, des destins vers la tombe : chômage, divorce, cancer. Au-dessus des tracasseries administratives, des lynchages médiatiques, des fausses nouvelles et des silences coupables. Au-dessus des foules manipulées, au-dessus des lois qui n'ordonnent plus la cité mais dénaturent les hommes. Là-haut, vers les Idées, le Beau, le Juste, le Vrai. Plus haut, vers ce qui est, Celui qui Est, qui Fait, tandis que nous passons et que nous détruisons. Je veux reprendre la conversation avec Lui qui ne répond pas, Grand Silence plein d'écoute, dans l'harmonie des sphères et le chant des planètes. Tout en moi aspire à cette ascension : envol mystique, ça y est, je lévite comme un moine au pays du yéti.

*

Comme Siméon l'Ancien, je vais grimper sur ma colonne pour le grand Face-à-Face. Six coudées, vingt coudées, on ne sait plus calculer la hauteur de ces monuments qui ont parsemé le sol de Syrie en des temps reculés. Au sommet, sur une plateforme de quelques mètres carrés entourée d'une barricade, fragile rempart contre le vide et la chute, se dressait le stylite, moine échappé de son monastère, cherchant une vie plus rude en ligne directe avec le divin. Corps tendu vers le ciel ou bien recroquevillé, barbe et cheveux hirsutes répandus sur sa nudité… Sa tunique en peau de bête s'est envolée. Il grelotte de froid ou de fièvre, il dédaigne la maigre nourriture qu'on lui fait parvenir dans un panier. Ses journées se passent en psalmodies et prosternations, à moins qu'il ne s'exerce à l'immobilité dans la posture la moins confortable possible. Son corps n'est plus qu'une souche tordue. Triste sort, sort choisi, supplice recherché, consenti dans un total affranchissement : délirante liberté ! Pendant quarante ans, il survit ainsi au sommet de sa colonne. Mais comment fait-il ? Comment fait-il pour ne pas tomber, pour manger, pour déféquer, pour dormir ? Questions vaines au regard du mystère sauvage d'une vocation qui oppose un refus total aux tyrannies du monde.

Un oiseau se pose sur la tête chenue du stylite et y fait sa fiente. Les yeux de l'homme, ses yeux ternis par l'éclat du soleil d'Orient, troublés par les visions nocturnes, voient plus loin que l'aigle, parce qu'ils sont tournés vers le haut, tandis que ceux du rapace dardent leur regard perçant comme une arme sur la proie qui court au ras du sol, affolée. Le sacrifice des plaisirs pèse peu à côté de la délivrance. Qu'est-ce que la faim, quand on ne ressent plus l'appétit artificiellement creusé par les sponsors et les marques ? Qu'est-ce que la nudité, quand le diktat de la mode a cessé de s'exercer, quand l'épiderme gercé jusqu'à l'os n'est plus que l'ultime vêtement d'un corps prostitué ? Hors-sol pour de bon, délié de tous liens, libre enfin, le voici harcelé par les curieux, les suppliants, les mères venues lui présenter leurs enfants. Les puissants lui demandent conseil, les foules se massent au pied de sa colonne sans lui laisser de répit. N'est-il donc pas possible d'échapper aux hommes ? C'est Dieu qui rabat l'orgueil de son saint. Par les nuits d'orage il le gifle, le secoue, le fait vaciller. Au matin, dans la splendeur de l'aube, le voici sauvé, admis de nouveau à contempler sa gloire, et son chant monte vers le Très-Haut. Mais il a compris la leçon. Désormais, il consent à conseiller, à bénir. Et il prêche, et il prie, il accomplit des miracles. Son immolation volontaire fait de lui un père pour les foules.

Un avion russe traverse le ciel de Syrie, largue sa bombe sur la colonne du stylite. Abattu, le monument vénérable préservé des outrages du temps. La technologie moderne a vaincu la simplicité antique, quand des saints mal dégrossis croyaient avoir trouvé le plus court chemin vers le ciel en escaladant un rocher, un arbre, un fût de pierres mal équarries.

*

Comme Siméon l'Ancien, je vais grimper sur ma colonne. Je choisirai un socle pas trop élevé dans le parc, j'en délogerai le buste qui l'occupe, poète oublié, savant à binocle, idole périmée des temps où l'on croyait au Progrès. Je m'installerai à sa place, vivant défi à la mobilité sans but des sportifs du dimanche et des autres jours, corps statufié, la peau marbrée par les frimas, moussue à l'endroit où poussent les poils. Un grand marronnier déploiera sur moi sa ramurc. J'aime cet arbre généreux, je ne me résous pas à son extinction annoncée par des prophéties de malheur, sur les panonceaux installés par les jardiniers municipaux. Au printemps, les pétales de ses grappes fleuries orneront mon front et ma barbe. On me prendra pour un faune de l'Antiquité, on se rira de moi, égrillard. Je ferai sensation. L'été, l'arbre me couvrira de son ombre. Ce sera le temps du recueillement. J'aurai l'âme en paix, *mon âme sera en moi comme un enfant, comme un petit enfant contre sa mère.* L'amour me possédera. Je serai plein d'amour pour l'oiseau sur la branche, prenant son envol dans un grand froufrou d'ailes et de feuilles froissées. Je serai plein d'amour pour la lumière filtrant à travers les feuillages, déposée sur ma peau comme une goutte d'or tombée du soleil. Le miel de ma compassion débordera pour les abeilles du rucher, mes voisines à la servile condition. Travailler du matin au soir, ne vivre que pour se nourrir et mourir… Des fleurs, ne connaître que le pistil ; ne percevoir dans leurs couleurs qu'un signal… Obéir à la reine, obéir à l'instinct, obéir, obéir… jamais seul ! Quel sort peu enviable ! À l'automne, l'arbre mettra mon endurance à l'épreuve en faisant pleuvoir sur mes épaules ses bogues aux piquants acérés. À travers mes larmes, je me réjouirai à la vue des beaux marrons lisses s'échappant des bogues crevées. Puis le grand marronnier me revêtira de ses feuilles, parure mordorée, bruissant brocart. Alors on se prosternera devant moi ; on viendra adorer le dieu sanglant. Ce sera l'heure de la tentation, il faudra résister. Viendra l'hiver en sa nudité. Je relèverai la tête, scrutant le ciel à travers les branches dépouillées. En ville on ne voit guère les étoiles ; toujours quelque brouillard, quelque lumière concurrente masquent leur éclat. Je les guetterai pourtant, comme un signal venu des profondeurs, restituant à l'Univers dans lequel je vis sa grandeur et son échelle. Je serai seul et sans désirs, sans préoccupations ni regrets, tandis que mes semblables à qui je ne ressemblerai plus guère s'en iront à leurs courses de Noël, à leurs *speed datings*, à leurs entretiens d'embauche et leurs rendez-vous médicaux. La nuit, les lueurs des phares tournoieront autour des grilles du parc, dans le vrombissement croissant et décroissant des moteurs obéissant à l'effet Doppler, et la mélopée rauque d'un ivrogne réveillé de son cauchemar par les incivilités de la jeunesse des beaux quartiers, qui ne connaît pas le délit de tapage nocturne. Comme les fourmis, les moineaux et même les poux des pigeons, les hommes m'apparaîtront estimables dans les limites de leur espèce. Dans ces limites, ils ne me décevront plus. Je les verrai comme ils se voient, je les comprendrai comme ils se comprennent : composés de besoins naturels et de désirs fabriqués ; vivants faits pour mourir et se dépêchant de jouir avant que ne prolifère la cellule cancéreuse, avant l'arrêt brutal et sans sommations de l'AVC qui ne pardonne pas – lui. Animaux sophistiqués et fragiles, pleins d'orgueil et de peurs paniques, du haut de ma colonne j'aurai pitié d'eux. Ma longévité, égale à celle de mes prédécesseurs qui mouraient centenaires sur leur pilier, défiera les *burn out* et les arrêts cardiaques dont le jogging hebdomadaire ne les protégera pas. Ma présence immobile, survivant au retour des saisons, sera pour eux un signe. Mais auront-ils des yeux pour le voir ? Offert à leur regard, point d'interrogation au milieu du jardin, je me donnerai à eux tout entier, sans retour et sans restriction. Ils n'auront qu'à s'arrêter devant moi pour être sauvés. S'arrêter de tourner, de courir. S'arrêter, s'arrêter, regarder vers le haut à travers les branches de l'arbre dépouillées par l'hiver. Lever les yeux, comme les mages chercher l'étoile, celle dont la trajectoire rompt l'ordre immuable du cosmos et le court-circuite.

Alors, je pourrai redescendre.

Le père perché

Il n'a pas fait les titres du 20 heures, ni ceux de la presse locale. À peine un entrefilet dans la rubrique des faits divers ; un flash au journal régional, avec une vue générale de la cathédrale, un focus sur le camion des pompiers venus le déloger, rien sur sa banderole. Du travail bâclé, réduisant à néant sa tentative si minutieusement préparée, sa révolte, sa revanche, son cri d'homme blessé. Depuis des semaines, il ne vivait plus que pour cette action d'éclat. L'idée avait germé après un nouveau refus du juge de lui accorder le droit de visite. Tous étaient ligués contre lui. Son ex-compagne, la société qui n'en avait que pour les mères, la justice qui se refusait à entendre ce qui est si difficile à exprimer et pourtant facile à comprendre : qu'un homme a besoin de ses enfants. Il n'avait jamais eu de chance ; personne ne lui avait tendu la main, dans cette ville où les opportunités manquaient. Pourtant, la famille s'en tirait encore ! Avec le salaire de sa femme et les allocations, ils auraient pu tenir. Mais elle avait tout lâché, brisant leur foyer, l'abandonnant, seul et démuni. Elle disait qu'elle ne supportait plus de le voir inactif, incapable de trouver un travail, de ramener de l'argent. À la fin elle était partie, les emmenant tous les deux, le garçon et la fille.

Elle lui manquait, tout lui manquait, et surtout les enfants. « Papa » : ce mot si banal, auquel il n'avait jamais prêté attention, ne résonnait plus dans l'appartement. L'absence créait un vide où il se perdait. C'était vers lui que son fils se tournait quand il avait peur ; c'était pour lui que sa fille avait des élans de tendresse, posant sa joue sur la joue mal rasée de son père occupé à regarder un match à la télé ou à tapoter sur son téléphone. Depuis qu'il était seul, ces instants lui revenaient par flashs. Ça ne prévenait pas, et soudain il se retrouvait en larmes. Avec leur mère, impossible de parler, impossible de s'entendre. La première fois chez le juge, il avait été abasourdi par le flot de reproches qu'elle avait déversé sur lui, comme un fleuve en furie écumant d'une rage trop longtemps contenue, charriant dcs blocs de pierre qui venaient le heurter. Cette montée des eaux, il ne l'avait pas vue venir. Il croyait que tout finirait par s'arranger, qu'elle prendrait sur elle. Mais non. Il s'était retrouvé seul chez lui, dépossédé de sa famille et de ce qui faisait sa vie.

Le trois-pièces n'avait pas tardé à se transformer en taudis. Le réfrigérateur se vidait au fur et à mesure que la boîte aux lettres se remplissait de courriers officiels, de convocations au tribunal ou chez l'avocat. Des inconnus le jugeaient, lui faisaient la leçon, décidaient pour lui. Il n'avait pas connu cela depuis les bancs de l'école. On lui prenait son temps, son argent, ses enfants. Il se sentait prisonnier de forces qui le broyaient. Et sa femme, cette furie méconnaissable, les déchaînait sur lui sans pitié.

Puis un soir, en zappant d'une chaîne à l'autre, il était tombé sur une émission consacrée au droit des pères. Il avait eu enfin la sensation d'être reconnu dans son malheur. Tout ce qu'il éprouvait sans parvenir à le formuler s'était trouvé justifié. Oui, un système injuste privait les hommes de leur paternité en les soumettant au bon vouloir des mères, à leur toute-puissance renforcée par celle des juges qui, comme par hasard, se trouvaient presque tous être des femmes. Les femmes qui se posaient en victimes des hommes, alors que de tout temps elles avaient exercé sur eux leur pouvoir : la mère qui houspille, la maîtresse qui humilie, la sœur qui rapporte de meilleures notes, la copine qui manipule, usant et abusant de sa capacité à donner du plaisir, la compagne qui esclavagise et rabaisse… C'est ainsi qu'il traduisait pour lui-même les arguments développés par les représentants des associations de pères dénonçant le matriarcat larvé d'une société qui les privait de leurs enfants. Certains n'hésitaient pas à utiliser des moyens extrêmes pour se faire entendre. Attirer l'attention des médias et du public sur leur condition en grimpant sur une grue : plutôt bizarre, mais efficace, au moins pour ce qui était d'exciter la curiosité. Les médias en avaient parlé, on avait salué le cran de ces héros modernes, et leur cas avait été soumis aux autorités.

Pas de grue à l'horizon dans sa ville isolée au milieu des champs, mais un clocher, une flèche perçant les nuages amoncelés dans le ciel de Beauce. S'installer en haut des tours de la cathédrale, y déployer l'étendard dc sa juste cause : cela aurait de l'allure ! Il avait décidé de tenter le coup. Durant des jours et des nuits, il avait préparé son affaire. Pour accéder au site, il suffisait de prendre un billet. Il avait pu le vérifier lors d'une visite guidée, prêtant une oreille distraite aux paroles du guide qui s'éparpillaient dans le vent, son attention entièrement tournée vers la disposition des lieux, la hauteur de la rambarde, l'espace dont il pourrait disposer pour installer son bivouac. Il allait clamer au monde sa détresse et son droit bafoué. Ce serait l'aventure de sa vie, son exploit, de quoi lui rendre sa fierté – et ses enfants. Avec application, il avait inscrit en lettres rouges leurs prénoms sur le drap trouvé dans le panier à linge, lavé et repassé avec plus de soin qu'il n'en avait jamais mis aux tâches ménagères. Ils sauraient ainsi, en le voyant à la télévision, combien il les aimait et ce qu'il était prêt à faire pour eux. Ils seraient fiers de lui et deviendraient les rois de la cour de récréation grâce à son courage et à sa renommée.

Tout avait marché comme prévu, malgré une météo peu favorable. En ce début d'automne, le temps était nuageux et le vent soufflait. Les champs de blé qui entouraient la ville n'étaient plus que de rêches étendues de chaumes sous le ciel gris. Il avait emporté de quoi se couvrir et survivre là-haut, préparant avec soin le contenu de son sac. Première erreur. Pour cause de plan Vigipirate, les bagages volumineux étaient interdits ; son baluchon était resté dans la sacristie. Heureusement, il avait eu l'idée d'enrouler la banderole autour de son torse, dissimulée sous son blouson.

Le jour J, l'escalier qui grimpait dans le clocher lui parut interminable. L'émotion et le manque d'exercice lui coupaient les jambes, il avait le vertige à force d'enchaîner les virages. Une fois en haut, il respira un grand coup et l'exaltation le saisit : il dominait la ville, cette ville qui ne lui avait témoigné qu'indifférence et mépris depuis sa naissance. Il dominait les champs, dont les céréaliers de la Beauce tiraient leur richesse et leur puissance orgueilleuse. Le vent froid gonflait son blouson, il allait prendre son envol ! Tandis que les visiteurs redescendaient, il se dissimila derrière un pilier. Sitôt qu'il put distinguer leurs silhouettes s'éparpillant sur le parvis, il sortit son matériel et déploya le drap au-dessus de la balustrade. Tant bien que mal, il l'arrima, tel un matelot déroulant la voile, aspirant les embruns et clignant des yeux dans le crachin automnal. Puis il se mit à guetter les réactions des passants. Il avait espéré un attroupement, des acclamations, les projecteurs et les micros des médias. Mais peu de monde passait devant la cathédrale en cette fin d'après-midi d'un jour de semaine, et personne ne levait les yeux vers le haut. Il avait profité de la dernière visite pour ne pas être dérangé, et déjà la lumière baissait. On aurait dit que les habitants de la ville vivaient au ras du sol, courbés par le poids des soucis, les yeux rivés sur le pavé. Un enfant emmitouflé dans sa doudoune pointa du doigt l'oriflamme qui s'agitait au sommet de l'église, tirant sur la manche de la femme qui l'accompagnait. Elle aperçut l'homme et lui jeta un regard hostile ; il recula dans l'ombre des contreforts.

Là-haut régnait un silence particulier, traversé par les courants d'air qui sifflaient alentour et le vol des pigeons, qu'il s'étonna de trouver si sonore. Le temps lui était compté, il le savait. On ne tarderait pas à le déloger. Déjà, une sirène se faisait entendre. Quelques badauds s'étaient rassemblés au pied de la tour. Mais on était loin de la foule et des ovations qu'il avait imaginées. Tandis que la sensation de l'échec le gagnait comme une nausée, il laissa errer son regard sur le décor insolite qui l'entourait. Les contreforts s'alignaient des deux côtés de la toiture. L'envers des vitraux luisait faiblement dans le crépuscule. On aurait dit les élytres d'un gigantesque insecte aux pattes arquées. Çà et là, les gargouilles se dressaient comme des antennes. Puis le coléoptère géant se métamorphosa en dragon. Les plaques de métal sur les pentes du toit s'ajustaient comme des écailles. Le monstre allait-il se mettre à cracher du feu ? à fouetter l'air de sa queue, emportant le père perché au-dessus de la ville et des champs en un tourbillon qui entraînerait les nuages, lourds nuages d'un ciel éternellement chargé, provoquant un ouragan sur l'immense plaine de Beauce ? Et lui, juché sur la bête, serait-il le maître de cette force terrible, déchaînant l'apocalypse, arrachant le toit des maisons de son souffle brûlant, tandis que leurs habitants s'éparpilleraient comme des fourmis avant d'être consumés par une langue de feu ? La cloche qui s'était mise en branle pour sonner l'angélus fit vibrer l'atmosphère. Dans le ciel obscurci du crépuscule automnal, le monstre s'ébroua. L'homme sentit ses muscles de pierre tressaillir, et soudain les cieux s'ouvrirent.

On le descendit avec précaution, les pompiers harnachant son corps inerte. Le vertige lui avait fait perdre connaissance. Une ambulance le conduisit à l'hôpital, toutes sirènes hurlantes. Les gendarmes mirent la main sur le sac préparé en vain, avec les provisions et la couverture de survie. En accord avec les autorités préfectorales, les services de l'Évêché décidèrent de ne pas porter plainte. Il valait mieux étouffer l'affaire plutôt que de donner des idées à d'autres hurluberlus. Le prestige du monument ne devait pas être entamé par les frasques piteuses d'un pauvre homme aux abois.

*

Silence. Rien. Pas un appel. Aucun signe de sa famille. Sa famille ? Il est seul, plus seul que jamais avec sa honte. Même la télévision se tait dans l'appartement vide. Il ne supporte plus la voix des animateurs, les rengaines des génériques, le timbre tantôt monocorde, tantôt hystérique des commentateurs sportifs. La nuit, le sommeil ne vient pas. De très loin lui parvient le carillon des cloches, comme un rappel lancinant de sa tentative avortée. Les coups résonnent à l'unisson de son angoisse ; il finit par y trouver une sorte de réconfort. Il n'ose plus sortir de chez lui. Malgré une couverture médiatique réduite au minimum, la rumeur s'est répandue de son exploit manqué. Il n'ose pas imaginer ce que ses enfants endurent à l'école. Quant à sa femme, il est certain de l'avoir définitivement perdue. Elle pourrait bien quitter la région avec les enfants, pour refaire sa vie et les garder hors de sa portée.

Désormais, le malheur est son élément. Il lui faut apprendre à respirer, à survivre dans ce nouveau milieu. Quand il se souvient du passé, de ses habitudes et de ses récriminations, il voit bien qu'il est un autre homme, dépouillé des protections dont il s'était entouré au fil des années. Cette nudité qui n'est pas celle du corps, cette mise à vif de son être profond, il doit l'endurer. Il y a des gestes qu'il ne faut pas faire : par exemple, tourner la poignée de la chambre des enfants. La souffrance le déchire sans prévenir. Une assiette tinte dans l'évier, et le souvenir de sa femme lui taillade le cœur : il la revoit occupée à ranger la cuisine, lui tournant le dos, renfrognée mais présente, rassurante. Un matin, il s'est regardé dans la glace avant d'aller sous la douche. Son corps pâle, mal soigné, lui a fait l'effet d'une chose dégoûtante, qui ne pouvait pas être lui. Dire que c'était ce corps qu'il avait imposé à sa femme dans l'intimité moite du lit conjugal ! Ce corps contre lequel se réfugiait son petit garçon, que sa fille couvrait de ses caresses d'enfant ! Assis sur la cuvette des W.-C., il s'était retrouvé secoué de sanglots ravageurs, ne laissant plus que ruines dans la pièce carrelée.

La cathédrale se dressait, immobile et terrible, témoin de sa débandade. De toute sa monumentalité elle le rabaissait, l'écrasait tel un cloporte, lui qui avait rêvé de s'envoler sur le dos du monstre, fuyant la réalité de sa minable condition en chevauchant un dragon sorti de son imagination saturée de chimères préfabriquées par les séries télévisées et les jeux vidéo. Pourtant, la nuit, c'était comme un écho à sa peine, un son amical qui lui parvenait quand l'heure sonnait. Autrefois, il ne prêtait guère attention aux bruits du dehors et moins encore au tintement des cloches. À présent, tandis qu'il guettait leur carillon, il se faisait attentif à d'autres sons quotidiens : les freins d'un autobus, le roucoulement d'un pigeon, le tintamarre des poubelles qu'on sortait au petit matin… Des hommes invisibles, travaillant tôt, vidaient leur contenu deux fois par semaine. À quelle heure devaient-ils se lever pour accomplir leur besogne ? Où s'en retournaient-ils après la corvée matinale ? Où dormaient-ils ? Et qu'est-ce qui pouvait les pousser à accepter ce travail repoussant, au lieu de rester chez eux, comme lui ? Il savait qu'il y avait un foyer de travailleurs immigrés à la périphérie de la ville, dont les pensionnaires ne se mêlaient pas à la population. Leurs origines, la couleur de leur peau les maintenaient à l'écart. Il se mit à imaginer ce que pouvait être leur vie, partis de pays si lointains où le soleil brillait, où les enfants jouaient sur la plage, le rire aux lèvres et la morve au nez, où les femmes se promenaient en boubous colorés. C'était pour nourrir cette marmaille et parer ces princesses que ces hommes quittaient l'Afrique, affrontant le froid et la grisaille, acceptant les tâches les plus répugnantes. Le contraste avec sa propre vie le fit réfléchir. Que valait-elle, cette existence à laquelle sa femme venait de mettre un terme ? Était-il si précieux, le quotidien qui avait volé en éclats avec son départ et celui des enfants ? Qu'avait-il fait pour eux pendant les années de leur vie commune ? Rien. Il était resté oisif, réclamant selon ses besoins sans la moindre contrepartie.

À présent, il attendait cette heure de la fin de la nuit où les éboueurs passaient dans sa rue. Son cœur se gonflait de sympathie pour ces hommes qu'il aurait voulu rejoindre. Ces invisibles qui, deux fois par semaine, le visitaient au son des cloches, il guettait leur arrivée et jamais ils ne se défilaient. Ainsi sa solitude se peuplait-elle de présences nouvelles qui ne le jugeaient pas, ne le condamnaient pas mais le rejoignaient dans sa détresse. Ces bons anges noirs finirent par le remettre debout. À leur exemple, il entreprit un grand ménage dans son appartement, rassemblant les détritus épars, passant l'aspirateur, aérant. À la fin de la journée, un sentiment d'intense satisfaction s'empara de lui. L'appartement était propre, rangé, et c'était son travail. Il avait mis de l'ordre dans le chaos. Descendant les sacs poubelle dans le local au sous-sol, il eut un mouvement de recul en le trouvant si sale. Remontant chez lui, il se saisit du balai et de la serpillière qu'il avait maniés toute la journée, et entreprit de nettoyer la petite pièce malodorante, sans oublier les bacs souillés qui poissaient et puaient. Ce serait un signe de reconnaissance adressé aux compagnons invisibles de ses petits matins. Un voisin aurait pu le surprendre en train de laver à grande eau les poubelles de l'immeuble. Quelle importance ? Le regard des autres ne comptait plus. Il comprenait que ce qui se fait de vraiment utile, de vital, ne se voit pas, reste caché, comme le nettoyage des rues et l'argent envoyé au pays pour faire vivre les bien-aimés. Le souvenir de sa mésaventure sur le toit de la cathédrale le remplissait de honte. Non plus la honte de l'échec et de l'humiliation, mais celle d'une action qu'il jugeait à présent puérile, tout entière tournée vers lui-même, son besoin de reconnaissance, son « droit » – lui qui avait failli à tous ses devoirs.

*

Un beau jour, il décida de sortir de chez lui. Les rues lui semblèrent différentes, le paysage urbain se découvrait à lui comme une première fois. Son attention se portait sur des détails infimes : la forme d'un pavé encastré parmi d'autres depuis des siècles, foulé par tant de pieds avant le sien ; une plante fleurie se déversant d'un balcon, pleine de grâce muette et modeste. Ce n'était pas en simple citadin ni en touriste qu'il gravissait les pentes vers la cathédrale, mais en pénitent. À l'approche du monument, il ne put s'empêcher de baisser les yeux. Il ne se sentait pas digne de les lever vers la flèche, ni de dévisager les statues dont les silhouettes raides le surplombaient sous le porche. Que voyaient-elles, ces figures de pierre qui avaient résisté à tous les outrages, ceux du temps qui passe et ceux de l'histoire, quand les crachats et les coups pleuvaient sur leurs faces impassibles ? Personnages venus d'ailleurs, sortis de la main des sculpteurs du Moyen Âge, et de plus loin encore ; prophètes d'Israël, famille du Christ, saints et saintes qui avaient franchi les frontières du temps et de l'espace pour se dresser là, devant lui. Comme il se sentait petit devant eux, et pourtant invité à entrer dans l'église d'une manière impérieuse, sans refus possible !

L'espace se déploya, immense, autour de lui. La profondeur de la nef, la hauteur des voûtes, l'éblouissement des vitraux l'accablèrent à nouveau du sentiment de sa petitesse. Il aurait voulu s'allonger face contre terre, disparaître dans l'horizontalité. Se coucher une fois pour toutes, ne plus avoir à être un homme debout. En vue d'une cérémonie ou d'un grand ménage, on avait ôté les chaises destinées aux fidèles. Sous ses yeux, le dallage formait un étrange dessin, une sorte de parcours circulaire. Hypnotisé par les cercles de pierre, il entra dans le labyrinthe. La cathédrale était vide à cette heure, en ce jour de semaine, hors saison. Personne pour le voir, personne pour s'étonner de son étrange manège. Il mit un pied devant l'autre, tête penchée, ignorant du but à atteindre. Littéralement, il avançait sans aller nulle part. Il tournait en rond. Il marchait dans un cercle qui ne se laissait pas franchir, vers un centre qui se dérobait. Aller de l'avant, droit au but, c'était pourtant l'injonction d'une société dans laquelle l'existence se concevait comme une course rectiligne, avec obstacles à franchir, étapes à dépasser, si possible en écrasant les autres. Lui-même s'était vite laissé distancer, il faisait partie de ceux qui restent sur le bas-côté. Pourtant, la vie n'est pas faite que d'objectifs atteints, de succès remportés. Tant de gestes se répètent de jour en jour sans lesquels elle serait impossible. Humbles tâches, corvées quotidiennes qui font tenir le monde : les courses à faire, les enfants à baigner, les vieillards de l'EHPAD à nourrir, le linge à laver… Temps perdu ? Les années passent, on prend de l'âge au fur et à mesure que la Terre tourne autour du Soleil, et pourtant il faut toujours s'occuper de soi et des autres. Voilà ce que lui apprenait le chemin tortueux, le labyrinthe qui n'est pas fait pour qu'on s'y perde dans les illusions et les faux-semblants, mais qu'on se trouve soi-même.

Arrivé au centre, il se redressa et leva les yeux. L'immensité lumineuse se déployait autour de lui. Il baignait dans la lumière. C'était comme si une dimension de son être, jusqu'alors inconnue, se révélait, toile abandonnée en vrac dans un coin du hangar, qui claquait enfin au vent du large. Mon âme, c'est mon âme qui se tend et prend son essor ! À présent, il regardait autour de lui, s'efforçant de déchiffrer les récits mis en couleur sur les vitres. Comme un pauvre, il accédait au sens par les images. Pas de formule cryptée, de code secret, pas d'énigme à résoudre, pas de suspense, mais une histoire en attente d'être lue, déjà là, donnée une fois pour toutes, offerte et disponible. Et partout, partout, la jeune femme portant son enfant. Toujours la même bien que différente, translucide sur les vitraux, sculptée dans la pierre ou le bois, le regard grave, presque sévère. Pas de câlineries dans ces représentations, mais un accord profond entre la mère et le fils, les yeux tournés dans la même direction. Et cette direction, c'était lui. Il était regardé par cette femme à la robe de lumière, bleu de Chartres ou lamée or, et par l'enfant qui ne se réfugiait pas dans son giron mais régnait déjà, assis bien droit sur le trône que lui faisait sa mère.

Il alla s'asseoir devant la Vierge du Pilier, revêtue d'une robe brodée d'or. Sa grand-mère lui avait raconté autrefois que le jour de son baptême on l'avait consacré à cette statue. C'était elle qui avait tenu à ce rite alors pratiqué par de nombreuses familles, à présent tombé en désuétude. Ses enfants à lui n'y avaient pas eu droit. Seule la fille, l'aînée, était baptisée. À la naissance du garçon, la grand-mère était morte, et on ne s'était pas donné la peine d'organiser une cérémonie. Voici qu'il priait devant la statue de bois affublée de son vêtement raide comme une chasuble. Avec ses propres mots timides et balbutiants, il présentait ses enfants à la Vierge, les lui confiait comme un autre l'avait fait avant lui, à cette même place. Un poète arrivé de Paris à pied, pèlerin solitaire, esprit brisé, cœur broyé, venu déposer son fardeau de peines dans la cathédrale. À son tour, il remettait ses enfants à la Vierge, ses enfants qu'il n'avait pas su élever ni garder. Quand sa femme était partie avec eux, il s'était senti dépossédé. À présent, il comprenait à quel point c'était lui qui leur avait manqué, père absent, passif, possessif sans jamais rien donner.

En ce moment précis, dans le silence et le recueillement, il cessa d'éprouver le manque, mais connut au contraire une paix qui l'emplit jusqu'au bord. Il sut qu'il était père en dépit de ses manquements. La vie s'était frayé un chemin en passant par lui. Son union avec la jeune femme qui lui avait fait confiance – cette union apparemment ratée – avait porté du fruit. Que pesaient les erreurs, les échecs, la chute dans la médiocrité, au regard de ces deux naissances ? Il était prêt à tout recommencer, à sauver ce qu'il avait gâché, non pas seul et pour son propre compte, mais avec la compagne de sa jeunesse, si elle voulait bien de lui. Quand il sortit de la cathédrale, il se sentit soulevé, allégé du lourd fardeau de son péché passé, prêt à vivre.

La pie niche haut

L*apinicholoinichbaoulibounichtil ?* Seul dans sa capsule, perdu dans l'immensité cosmique, l'astronaute fredonnait la comptine de son enfance. Depuis combien de temps avait-il quitté la Terre ? Cette question était désormais sans réponse. Hors du système solaire, la notion d'année n'avait plus de sens. La révolution de la planète autour de son étoile, sa rotation sur elle-même, qui permettait aux humains de mesurer le temps, n'avaient plus cours dans ces parages. Seuls ses souvenirs lui procuraient encore la sensation de la durée, donnant leur fragile consistance au passé qui subsistait quelque part dans son cerveau. Enfermé dans sa capsule, il habitait un perpétuel présent, tandis que sur la Terre les enfants grandissaient et que les femmes prenaient de l'âge.

Le vaisseau spatial bondissait d'orbite en orbite, comme un navire à la crête des flots ; propulsé par ses moteurs à énergie quantique, il s'éloignait toujours plus de son port d'attache. Perdu dans l'espace-temps, l'astronaute découvrait le spectacle éblouissant d'un Univers en perpétuelle mutation. Il voyait de ses yeux les phénomènes dont les télescopes les plus puissants, les interféromètres de dernière génération ne captaient que de lointains échos. Autour de lui, l'univers ondoyait. De ses remous naissait la matière, microscopique ou gigantesque. Le vide n'existait pas. Partout les particules s'agitaient, se heurtaient, se combinaient en concrétions fluorescentes, avant de se dissoudre en explosions formidables. $E = MC^2$… L'énergie et la masse ne faisaient qu'un : telle était bien l'équation fondamentale, le secret percé à jour par le génial Einstein. Dans l'infiniment petit comme dans l'infiniment grand, les corps s'attiraient, se repoussaient selon les lois bien connues de la gravitation et les forces plus secrètes de l'énergie noire, dont la puissance répulsive empêchait les astres de s'effondrer les uns sur les autres. L'astronaute faisait l'expérience de la vie cosmique qu'il avait si longtemps étudiée à travers ses calculs et ses projections. Il était entré dans la danse des corps célestes.

Cette expédition serait sans retour. Elle avait pour but l'exploration d'un Trou Noir. Personne ne pouvait revenir vivant d'une telle incursion au cœur de la matière, là où elle atteint son maximum d'énergie et de densité, attirant à elle tous les corps et jusqu'aux rayons lumineux qui s'éteignaient dans ses insondables abysses. Franchir cette ultime limite relevait du sacrifice. En réalité, le protagoniste de cette aventure n'avait rien d'un martyr. C'était un hors-la-loi. Physicien réputé, il avait osé braver la communauté scientifique en publiant une série d'articles déviants. Le tribunal de la Censure Cosmique l'avait jugé pour sédition et condamné à la peine maximale : une sentence de mort travestie en expédition dans l'espace intersidéral. On l'avait contraint à monter dans cette navette téléguidée vers un Trou Noir particulièrement goulu, qui ne ferait qu'une bouchée de ce mets de choix. Les capteurs disséminés sur la capsule saisiraient au passage des informations décisives, qu'ils enverraient à la Terre avant la destruction totale du véhicule et de son occupant.

La Censure Cosmique était la plus puissante des institutions de la Nouvelle Civilisation. Elle devait son nom à un précurseur en astrophysique, Roger Penrose. En un lointain XXe siècle, il avait prétendu que la « singularité » qui gisait au fond des Trous Noirs ne pouvait se présenter « nue », mais seulement habillée d'un « horizon », façon imagée de dire qu'elle échappait à la connaissance humaine. Ce tribunal, créé bien longtemps après la mort de Penrose, avait pour mission de vérifier l'orthodoxie de la pensée scientifique érigée en dogme dans la Nouvelle Civilisation. On y convoquait les savants dissidents, les objecteurs de science. Cela faisait beau temps que la conscience n'existait plus, vaincue par l'Intelligence Artificielle et les neurotechnologies. Le for intérieur, ce lieu incertain où s'élaborait autrefois le jugement personnel, avait été définitivement comblé, ou rasé, selon qu'on se le représentait comme un puits d'interrogations ou comme une citadelle bardée de principes. Le changement d'ère s'était effectué au cours du XXIe siècle, le dernier de l'ancien calendrier qui faisait commencer l'histoire à la naissance du Christ – ce Juif au parcours désastreux, mort cloué sur une croix après trois années d'agitation. On ne pouvait cependant nier l'incroyable réussite historique de la secte qu'il avait rassemblée autour de lui. En proclamant la résurrection de ce pitoyable *looser*, l'Église avait assuré sa survie et son développement. À partir de quelques récits fabuleux, elle avait édifié un code moral qui s'était imposé sur la planète entière, et cela en l'absence de tout moyen moderne de communication. Pourtant, au bout de vingt siècles, le christianisme était moribond. Ses signes ne faisaient plus sens. Les églises étaient vides, les croix des chemins n'indiquaient plus la direction du Ciel, on avait oublié les saints qui donnaient encore leur nom à tant de villes et de villages. Les cathédrales, dont la splendeur architecturale continuait d'attirer les touristes, abritaient désormais des manifestations profanes : concerts, expositions, conférences publiques, performances blasphématoires. Le clergé, en constant déclin depuis que l'évolution des mœurs favorisait l'épanouissement personnel, n'avait offert aucune résistance. La révélation de cas de perversion sexuelle en son sein était venue à bout d'une caste humiliée, privée de ressources spirituelles, espérant son salut d'un pardon honteusement imploré après les dénégations maladroites et grossières de sa hiérarchie dépassée. Le sauve-qui-peut général n'avait rien sauvé du tout, les dénonciations incessantes et les *mea culpa* plus ou moins sincères l'emportant définitivement sur l'annonce de la Bonne Nouvelle.

Tandis que l'Église agonisait lamentablement, l'École, cette autre conquête de l'Ancienne Civilisation, se sabordait, emboîtant vaillamment le pas des neurosciences et de l'Intelligence Artificielle, offrant des cohortes d'enfants aux expérimentateurs. Plutôt que de gaver les jeunes cerveaux de connaissances inutiles, plutôt que de tenter de cultiver l'esprit des enfants, on allait agir directement sur la chair, en leur greffant des puces électroniques qui capteraient sans effort les notions indispensables au bon fonctionnement d'une société moderne. On en finirait ainsi avec la scandaleuse inégalité des intelligences, que l'École n'était jamais parvenue à vaincre en dépit de ses objectifs proclamés, de ses réformes successives et de ses expériences pédagogiques.

L'homme augmenté, c'était l'enfant transformé dès son plus jeune âge, génétiquement amélioré grâce au tri des embryons et aux implants cérébraux, soustrait à l'influence néfaste de sa famille, jusqu'à ce que soit formée une génération de mutants capables de se reproduire. Ce programme s'était réalisé en quelques années, les contestataires étant réduits à l'impuissance par les moyens illimités de la technologie qui vous asservit à vos propres besoins en les multipliant. Quelques tentatives de résistance avaient eu lieu, des communautés s'étaient établies au désert, loin du monde, comme les anachorètes d'autrefois. Mais il fut aisé d'en venir à bout en procurant leurs coordonnées GPS à des hordes de djihadistes résiduelles, qui s'étaient empressées de les massacrer.

L'astronaute appartenait à la classe dominante. Un QI hors normes, un goût prononcé pour le calcul et l'extrapolation, une fascination pour les étoiles en avaient fait un des élus du nouveau régime. Comment en était-il venu à défier l'ordre établi ? La question lui avait été posée sans relâche lors de son procès. La Nouvelle Inquisition l'avait harcelé, jusqu'à ce que s'impose la réponse : il était un ennemi de classe. Ses gènes n'avaient pas été épurés, en lui coulait le sang d'anciennes générations pour lesquelles l'intelligence et le goût de la vie ne s'inculquaient pas par des machines. Il était né de l'union d'un homme et d'une femme qui avaient refusé la sélection de leurs embryons. Ses parents étaient unis par un lien subjectif appelé « amour », garanti dans la durée par un lien objectif appelé « mariage ». Ce type d'accord entre homme et femme était tombé en désuétude, après avoir fait l'objet de toutes sortes d'attaques. On reconnaissait en haut lieu que la campagne menée dans les premières décennies du dernier siècle de l'ancien calendrier avait été une erreur. Les biologistes n'étant pas parvenus à créer une humanité hermaphrodite capable de se reproduire par parthénogenèse, le mariage s'était avéré le moyen le plus économique de réguler les rapports entre mâles et femelles tout en assurant la survie de l'espèce. Les tentatives idéologiques pour nier la différence des sexes et leur accord naturel, après avoir créé de nombreux désordres, avaient fini par aboutir à une impasse. Comme il était trop tard pour revenir en arrière, on avait dû trouver des accommodements. Les autorités avaient prohibé le mariage entre homme et femme en tant que contrat civil et sacrement religieux, tout en organisant l'appariement des couples grâce à un algorithme et sur une base eugéniste.

La pie niche haut, l'oie niche bas... Mais dans l'espace intersidéral, il n'y a plus ni haut ni bas. L'astronaute flotte dans sa capsule, où la gravité ne joue plus. Il est un peu à l'étroit dans l'habitable. Son vaisseau spatial promis à la destruction n'a rien d'un palace volant comme il s'en conçoit dans les bureaux des architectes, pour emmener les touristes en excursion dans l'espace et préparer de plus durables exils. Il lévite, tel saint Joseph de Cupertino, ce mystique italien du XVIIe siècle, un simple d'esprit qui ne sut jamais lire ni écrire et se traitait lui-même d'âne. Mais un âne qui savait voler. Non qu'il eût des ailes à la place des oreilles, mais lorsqu'il priait Dieu, Joseph s'élevait au-dessus du sol, défiant la pesanteur jusqu'à ce que les branches des arbres ou le plafond d'une chapelle fassent obstacle à son ascension. Des témoins dignes de foi, un prince protestant et un pape, en avaient attesté. Aujourd'hui, Cupertino était une ville de la Silicon Valley, Mecque des nouvelles technologies où des entreprises telles qu'Apple, IBM ou Hewlett-Packard avaient leur siège. Les nouveaux maîtres du monde et leurs esclaves ignoraient tout du religieux monte-en-l'air qui avait donné son nom à leur ville.

L'astronaute rejoignait le saint par d'étranges voies : celles du Seigneur sont impénétrables. Exclu du commun des mortels, il volait lui aussi. Il accédait à cette dimension où les lois physiques n'ont plus cours. Tandis que son corps flottait, il laissait son esprit divaguer. Des images se formaient dans son cerveau, souvenirs et désirs… Son corps s'allégeait, libéré de la pesanteur, mais son cœur était lourd. Le visage collé au hublot, il scrutait la nuit cosmique. Son regard, plus rapide que la lumière, refaisait le trajet vers la Terre. Quelque part dans l'immensité, le monde existait, ce monde qui survivait dans les méandres de son cerveau où se conservent les souvenirs. Ce monde où les enfants font des pâtés de sable sur la plage, rient et pleurent pour un rien : ce monde existait. Une planète, parmi des milliards d'autres, où l'on mettait le couvert pour le repas du soir, où l'on disposait des fleurs dans les vases, où l'on jouait du piano, tournait autour de son étoile, à l'extrémité d'une galaxie hélicoïdale perdue dans le noir. Naines blanches, géantes rouges, pulsars et quasars, tout ce grand bazar pyrotechnique ne l'impressionnait plus et lui paraissait sans rapport avec le cher foyer de l'humanité.

Le rapport existait pourtant : c'était bien la question.

Parmi les savants, astrophysiciens et biologistes, dont les recherches servaient de base à l'élaboration de la Nouvelle Vulgate, à présent que l'on passait sans état d'âme (l'âme n'existait plus, on l'avait proscrite) de la physique à la métaphysique, dominaient ceux pour qui la Terre, la vie et l'humanité étaient le fruit du hasard. Dans l'immensité d'un Univers en perpétuelle expansion, les myriades de combinaisons possibles entre particules élémentaires avaient fini par permettre à la vie d'émerger quelque part. L'évolution avait fait le reste. Pas besoin de Dieu le Père, ni de projet parental, pour que le monde soit. Le mythe du Big Bang, l'explosion initiale, trop proche de la vision biblique d'un Dieu créateur, avait été relégué aux oubliettes, remplacé par la « mousse quantique » ou « soupe probabiliste ». On était remonté au stade précédant la Création, au proto-réel d'où jaillissent les univers, et celui que l'homme habitait n'en était probablement qu'un parmi d'autres.

L'astronaute s'était interrogé sur cette réponse à la question « Pourquoi quelque chose, plutôt que rien ? », et il l'avait jugée de force faible. Dès lors, sa foi dans les fondamentaux de la pensée dominante avait été ébranlée. Continuant à réfléchir, il avait pris le risque d'exprimer ses doutes. C'est ainsi qu'était né son premier article : « Mon problème avec l'entropie ». L'entropie, autrement nommée Deuxième Loi de la Thermodynamique, voulait que le désordre augmente. Elle stipulait qu'à chaque opération était affecté un coefficient de délitement, qui faisait qu'au bout du compte la destruction et le chaos l'emportaient. Ce qui pouvait apparaître comme un simple constat, érigé en loi fondamentale, vouait l'Univers et l'aventure humaine au néant. À quoi bon les découvertes, les civilisations, les mœurs, à quoi bon l'Histoire, les histoires, l'amour, si tout cela devait être placé sous le signe de la destruction et de la victoire annoncée du chaos ? Une bande dessinée du XXe siècle, retrouvée dans un coffre où elle avait échappé aux autodafés, lui avait ouvert les yeux. D'étranges et cocasses créatures, les Shadoks, découvraient la machine à vapeur. En faisant chauffer de l'eau, ils parvenaient à produire du mouvement. Grandes réjouissances ! Mais voici que les Shadokos, caste savante de cette bizarroïde engeance, au lieu d'admirer le mouvement des pistons, eurent leurs lunettes embuées par la vapeur. Décelant dans l'opération une déperdition d'énergie, ils la nommèrent « entropie ». Au nom de ce gaspillage scandaleux, ils firent cesser les hourras – et condamnèrent la machine.

L'entropie sonne la fin des réjouissances. Les Shadoks, une fois la déconvenue digérée, s'étaient remis à pomper. Mais l'homme pouvait-il en prendre aussi facilement son parti ? L'astronaute avait alors proposé une lecture différente de l'Histoire. Les manuels de science et les vidéos pédagogiques donnaient pour exemples de l'entropie le cas de la tasse de café qui refroidit ou celui de la bûche qui devient cendres. Mais ne voir dans ces phénomènes que déperdition d'énergie, n'était-ce pas négliger tout ce qu'il avait fallu d'efforts et d'ingéniosité pour aboutir à cette tasse odorante, à cette flambée dans la cheminée ? En refroidissant, le breuvage perd sa chaleur qui se propage dans la soucoupe, sur la nappe, puis sur la table. Prenons la soucoupe. La porcelaine vient de Chine, ou bien de Limoges. Son voyage serait trop long à raconter, depuis la carrière de kaolin, l'atelier du potier, le pinceau de l'artiste, les cales des navires de la Compagnie des Indes, les étagères du buffet en noyer. De même pour le café qui diffuse dans le salon son arôme, créant, ainsi que le rappelaient les publicités d'autrefois, tout un univers de sensations et de rêveries voluptueuses... L'exemple est moins parlant si l'on n'a connu que les gobelets en plastique de la machine à café. Mais l'astronaute, lui, était riche de souvenirs, et il refusait de soumettre ses semblables à une loi qui passait par pertes et profits les trésors de créativité et d'amour, le sang et les larmes qu'il avait fallu pour qu'une tasse ait un jour diffusé sa chaleur et son parfum dans le salon de ses grands-parents, tandis qu'un bon feu brûlait dans la cheminée.

La Terre qui produit les plantes selon l'alternance heureuse des saisons, due à l'inclinaison de son axe, due à la rotation de la Lune ; les plantes, dans leur infinie variété, qui nourrissent les animaux ; la Terre qui abrite l'homme, capable de nommer et d'admirer toute chose : ah non, la Terre ne démontre pas le triomphe du désordre ni la victoire du chaos ! La planète bleue est le contre-exemple par excellence, l'exception qui infirme la règle. Dans la grande aventure de la Vie, le complexe l'emportait sur le simple, l'harmonie triomphait dans la forme. C'est ainsi que lui était venue l'idée de son deuxième article : « Entropie, anthropie ». Le principe anthropique avait été mis à l'index par le tribunal de la Censure Cosmique. Il regroupait une série de constatations suggérant que l'Univers aurait été créé en vue de l'humanité, étayant d'arguments scientifiques la croyance millénaire propagée par les mythes et les religions. Que des astrophysiciens, des cosmologues aient pu s'interroger sur la précision avec laquelle les composantes de l'Univers s'étaient agencées jusqu'à ce que l'homme apparaisse, qu'ils aient pu considérer avec gravité l'ensemble des conditions requises et les orientations prises par la matière pour qu'apparaisse l'homme, et ne pas en conclure à un simple effet du hasard, à une conséquence possible de la loi des grands nombres, cela n'avait pas été toléré. Pourquoi ? Oui, pourquoi, s'était demandé l'astronaute, pourquoi choisir l'entropie contre l'anthropie ? Pourquoi parer des habits de la Vérité Scientifique un nihilisme obtus, qui ne pouvait qu'enfermer l'humanité dans le non-sens et le désespoir ? Et refuser de s'émerveiller de ce prodigieux concours de circonstances qui ne demandait qu'à être exploré avec gratitude et amour ?

Sachant ce qu'il risquait et s'attendant à tout moment à être arrêté, l'astronaute avait poursuivi sa réflexion en se lançant dans la rédaction d'un nouvel article : « Au fond du trou ». Il s'agissait de montrer comment l'option métaphysique en faveur du hasard et de l'entropie avait créé une civilisation au sein de laquelle l'humanité vivait sans l'avoir choisi ni compris, et qui la conduisait à sa perte. L'astronaute avait identifié le point de départ de cette course à l'abîme, et son point d'arrivée : le Trou Noir. Les astrophysiciens du XXe et du XXIe siècle en étaient obsédés. John Wheeler, un des pères de la bombe à hydrogène, s'était passionné pour leur étude, alors purement spéculative. Après avoir établi leur existence par ses calculs, il leur avait trouvé une origine digne de cet esprit hanté par la destruction : la mort des étoiles.

Dans la foulée de ce précurseur, l'astrophysique n'avait cessé de s'occuper des Trous Noirs, y cherchant le secret de l'Univers. Telle une idole vorace engloutissant tous les mythes et toutes les révélations, le Trou Noir était devenu l'alpha et l'oméga de la nouvelle religion. Ce pôle négatif aimantait la recherche scientifique. Et voici ce à quoi elle avait abouti : tout au fond du trou bloblotait quelque chose qui n'était plus de la matière, ou pas encore. Énergie à l'état brut, énergie sans masse, capable de faire naître des mondes. Les théoriciens avaient une idée assez précise de ce que pouvait être cette substance qu'ils désignaient sous les termes peu ragoûtants de « soupe cosmique ». « Écume quantique » était mieux, sans atteindre encore à la poésie. Pourtant, la « singularité nue » de Roger Penrose, qui avait résisté aux assauts de Wheeler, ne se laissait toujours pas approcher, excitant la lubricité des savants, attisant la flamme de leur *libido sciendi*. Il fallait qu'ils sachent ce qui se cachait derrière l'horizon, il fallait déchirer le voile, vaincre les forces de marée, braver la gravitation quantique, plonger vivant dans l'écume probabiliste d'où avait jailli l'Univers. Traquer l'être dans ses tout premiers retranchements : c'est ce que l'on faisait dans les gigantesques installations souterraines des centres de recherche. Les accélérateurs de particules servaient à produire des collisions susceptibles de faire jaillir de nouveaux éléments dont l'existence éphémère permettrait de comprendre la structure de l'Univers et son apparition. En les dotant d'une puissance toujours plus colossale, on se rapprochait des conditions initiales – celles qui régnaient dans la Singularité.

La recherche coûtait cher. Pour avancer, elle avait besoin de technologie et d'émulation. On fabriquait donc des machines de plus en plus grosses pour aboutir à des résultats jamais définitifs, mais qui devaient sortir avant ceux de la concurrence. On creusait de plus en plus profond pour construire des accélérateurs de plus en plus puissants, nécessitant des ordinateurs de plus en plus sophistiqués pour analyser les données de plus en plus nombreuses fournies par des expériences de plus en plus segmentées. La particule de Dieu se dérobait toujours. Le système, loin de s'unifier, présentait des lacunes. Mais il ne fallait pas le dire, sous peine de voir se tarir les ressources financières indispensables à ces jeux. Heureusement, la science avait une alliée de premier ordre sur laquelle elle pouvait compter : la Guerre. Tous ceux qui s'occupaient sérieusement de la guerre, civils et militaires, avaient intérêt à poursuivre des recherches qui, si elles achoppaient sur le secret de la Création, permettaient d'intéressantes innovations dans le domaine de la destruction. Depuis les bombes atomiques expérimentées lors de la Deuxième Guerre mondiale, en passant par la bombe à hydrogène mise au point alors que les cadavres des camps d'extermination fumaient encore et qu'on n'avait pas fini d'ensevelir les morts d'Hiroshima, c'était clair. Les astrophysiciens, dans leur quête du secret de l'Univers, servaient les intérêts des fabricants d'armes et des fauteurs de troubles. La masse multipliée par la vitesse de la lumière au carré valant son pesant d'énergie, en fissurant les noyaux des atomes ou en les fusionnant, on libérait des forces phénoménales – celles-là même que Dieu avait agencées pour en faire, dans l'ordre : le Ciel et la Terre ; le jour et la nuit ; les continents et les mers ; les fleurs et les fruits ; le Soleil et les astres ; l'homme et la femme. Puis, voyant que tout cela était bon, il avait pris un jour de repos et s'était retiré dans son éternité.

Sous prétexte de résoudre l'énigme de l'Être, on courait au néant. Pour expliquer les merveilles de l'Univers, on fonçait tête baissée dans le gouffre. Allègrement, l'humanité avait renié la lumière et choisi les ténèbres. Les découvertes et les expériences, loin de se faire dans la fraternité des nations et dans la gratuité de la Science, lui avaient coûté cher ; les morts se comptaient par millions rien que pour les deux siècles passés. La preuve de l'entropie était bel et bien faite. L'intelligence humaine ainsi orientée menait au chaos, faisant à rebours le chemin de la Création.

On allait droit dans le mur. « Dans le mur de Planck » : tel était le titre du dernier article de l'astronaute. Le physicien Max Planck avait utilisé l'image du mur pour signifier l'impossibilité radicale d'aller par le calcul au-delà d'un certain seuil temporel qui séparait l'incréé du créé. C'était la limite infranchissable, l'instant infinitésimal qui séparait le « rien » de « quelque chose ». Mais les hommes ne sont pas sages : s'ils ont désobéi au Seigneur dans le jardin d'Éden, ce n'est pas pour écouter l'un des leurs, fût-il Prix Nobel. Donc, le mur de Planck était tombé, ou était sur le point de le faire. Il se lézardait sous les coups des savants qui voulaient savoir ce qu'il y avait derrière. On annonçait que des Intelligences Artificielles étaient parvenues à inverser le cours du temps, l'espace d'une fraction de seconde. Au lieu des mises en garde nécessaires, le tribunal de la Censure Cosmique encourageait la recherche tous azimuts et diffusait la croyance selon laquelle, par l'alliance de la science et la technique, les hommes atteindraient bientôt la maîtrise absolue de l'Univers et de leur destin. Ils pourraient triompher des contraintes spatiotemporelles, voyager de planète en planète, vaincre la mort. Ils seraient comme des dieux.

La pie niche haut, l'oie niche bas... Cette rengaine l'obsède, il ne sait pas comment s'en débarrasser. Ce n'est plus le moment de se laisser bercer par des paroles enfantines. Il faut résister au roulis, au tangage qui annoncent la tempête. Se préparer au supplice, quand les forces de marée se déchaîneront à l'approche de la Singularité. Déjà, la proximité du Trou Noir se fait sentir. Pour avoir étudié ses effets en théorie, l'astronaute est capable de les éprouver dans son corps. Alentour, l'obscurité se fait plus profonde, la lumière se raréfie. L'homme ressent un étrange malaise, comme si son corps s'étirait. Il a cessé de flotter dans la cabine. Sa tête part vers le haut, ses pieds vers le bas. La puissance d'attraction de la Singularité s'exerce sur lui, tandis que le mouvement giratoire du Trou Noir le repousse. Forces contradictoires qui soumettent son corps à une pénible tension. L'astronaute sait ce qui l'attend. Avant d'être avalé par la gueule béante quand son vaisseau se trouvera à l'aplomb du trou, les rayons lumineux – aspirés eux aussi – se courberont au point que l'Univers tout entier lui apparaîtra dans un cercle parfait. Vision totale, pour laquelle ses juges auraient presque échangé leur place avec la sienne ! Puis tout s'éteindra. La porte de l'Enfer se refermera sur lui, son corps explosera, déchiqueté par les forces de marée, consumé dans les flammes de la Singularité. Son chant de mort retentira jusqu'à la Terre grâce aux capteurs dont il est bardé, apportant de précieux renseignements aux scientifiques.

À présent le vaisseau entame sa chute. La longue errance à travers l'espace prend fin, la sentence va s'appliquer. L'astronaute ne flotte plus mais il tombe à une vitesse vertigineuse. Le gouffre l'avale, le monstre le dévore. Gueule d'Enfer, dans un infime fragment de temps il sera disloqué, il rejoindra le non-être, qui n'est pas le rien, mais ce qui précède l'être, l'écume bouillonnante des probables encore non réalisés.

Gueule d'Enfer, Trou Noir, quel est ton secret ? Que recèlent tes entrailles insatiables ? La Singularité Nue, c'est la femme du Diable, celle qu'il bat quand il pleut, il fait soleil. C'est Lilith, la Sœur maudite, l'épouse infernale. Alors qu'il dévale la pente, l'astronaute prie, avec des mots qui lui reviennent de loin :

> Je suis comme l'eau qui se répand,
> tous mes membres se disloquent.
> Mon cœur est comme la cire,
> il fond au milieu de mes entrailles.
> Ma vigueur a séché comme l'argile,
> ma langue colle à mon palais.

D'heureuses paroles jaillissent de sa bouche. Il chante dans la fournaise, comme les trois garçons jetés au feu par Nabuchodonosor. Sa capsule de titane a fondu depuis longtemps, mais le temps n'existe plus. De son corps transfiguré émane une substance lumineuse qui tapisse les parois du gouffre. C'est la « matière exotique » de charge négative prévue par Kip Thorne, le disciple du Noir Wheeler, au dernier chapitre de sa *Brève histoire du temps*. Elle seule peut empêcher le Trou Noir de se refermer sur lui-même et le contraindre à s'ouvrir de l'autre côté, le transformant en « trou de vers ».

Échappant au Satan qui habite le fond des Enfers, l'astronaute traverse l'obstacle. Son corps glorieux émerge dans les Champs-Élysées, Socrate lui tend la main et le conduit vers la Jérusalem céleste, où les âmes des justes *fulgebunt sicut stellae*[1].

1. « Brilleront comme des étoiles » (Daniel, 12, 3).

Table

Achevé d'imprimer en mai 2021
sur les presses de
La Manufacture - Imprimeur – 52200 Langres
Tél. : (33) 325 845 892

N° imprimeur 210425 - Dépôt légal : mai 2021
Imprimé en France

CET OUVRAGE A ÉTÉ COMPOSÉ
EN ADOBE GARAMOND PRO
CORPS 13 POINTS
PAR NORD COMPO
À VILLENEUVE-D'ASCQ (NORD).